W0173580

Die neuen Abenteuer eines Taugenichts

Von einem, der auszog, das Glück zu suchen

blaukreuz

Inhalt

1. Prolog

Es ist mir nicht leicht gefallen über mein Leben zu schreiben, unter anderem auch deshalb, weil viele aus der Familie und aus meinem Freundeskreis noch leben. Gott sei Dank, und da ich einige Peinlichkeiten meines Lebens erwähne, bleibt es nicht aus, dass auch die eine oder andere Person mit einbezogen wird, doch alles geschieht hier mit größtem Respekt. Ich weiß, ich tendiere zu Übertreibungen und Dramatik, werde aber, was den Schutz anderer Personen angeht, mich in Zurückhaltung üben.

Schon seit vielen Jahren habe ich den Wunsch und den Drang, meine Lebensgeschichte aufzuschreiben. Warum ich so lange damit gewartet habe? Nun, vielleicht wollte ich erst einmal abwarten, ob die Veränderungen in meinem Leben tatsächlich nachhaltig sind.

Nachdem ich meine Lebensgeschichte oft einzelnen Personen und auch vor Gruppen erzählt habe, denke ich, dass jetzt die Zeit dafür reif ist, das Vorhaben in die Tat umzusetzen, denn häufig wurde ich nach Vorträgen gefragt, ob es meine Erzählung auch in geschriebener Form gäbe. In all den Jahren, in denen ich meine Lebensgeschichte geschildert habe, erlebte ich, wie Menschen dadurch ermutigt wurden, ihre Probleme anzupacken, die sich bei ihnen wie ein Berg aufgetürmt hatten.

Über lange Zeit habe ich nichts von dem Phänomen des „Erwachsenen Kindes"* von Alkoholikern gewusst.

---

*Die vergessenen Kinder von Suchtkranken, Ingrid Arenz-Greiving, Taschenbuch, 64 Seiten, Blaukreuz-Verlag, Bestellnr. 180186, € 6,95, www.blaukreuz-verlag.de, Weitere hilfreiche Adresse: www.nacoa.de

Irgendwann habe ich, als ich jung verheiratet war, festgestellt, dass ich mich in Stresssituationen wie ein Alkoholiker verhielt, obwohl ich keinen Alkohol trank. Das war der Moment, als ich mich meiner Vergangenheit stellen musste, oder besser gesagt: als diese mich stellte, ja, im wahrsten Sinne des Wortes in die Enge trieb. Dass ich heute Leiter einer therapeutischen Lebensgemeinschaft bin, eine gesunde Familie habe (wie ich hoffe) und mein Leben fröhlich, ohne Suchtmittel leben kann, ist ein Wunder und, wie ich glaube, nicht nur ein glücklicher Zufall.

Ich wünsche mir, dass dieses Buch Leser findet, die Suchtkranken weiterhelfen möchten und für sich ein besseres, tiefer gehendes Verständnis für diese Mitmenschen suchen. Ich will aber auch hoffnungslose Menschen ansprechen, die neue Zuversicht brauchen, und auch die Leser, die „Erwachsene Kinder"eines oder zweier Alkoholiker sind, damit sie sich in ihrer Einzigartigkeit erkennen und wertschätzen lernen. Zu guter Letzt wünsche ich mir auch die Leser, die einfach nur gerne spannende Geschichten lesen.

2. Eltern

Aufgewachsen bin ich in einer Familie mit fünf weiteren Geschwistern. Ich habe drei ältere Schwestern und zwei jüngere Brüder. Meine Eltern sind im Osten geboren. Mein Vater kam aus der Nähe von Lodz in Polen. Ende des Ersten Weltkrieges gab es nicht viel Arbeit in Deutschland. So beschloss mein Großvater, sich als Böttcher (Holzfässermacher) zusammen mit seiner Frau in einem kleinen polnischen Dorf niederzulassen, in dem sie die einzigen Deutschen waren. Als die deutsche Wehrmacht 1939 in Polen einmarschierte, kam es über Nacht zu einer völlig veränderten Situation für die Familie. Aus Freunden wurden plötzlich Feinde. Die SS schlug ihr Lager im Dorf meiner Großeltern auf und traf sich regelmäßig in deren Haus zu Sauf- und Fressgelagen.

Von dem Böttchereibetrieb wurden meine Großeltern zwar nicht reich, doch hatten sie durch Tauschhandel immer reichlich Speck, Wodka und andere Naturalien im Haus. Von daher konnten die Nazischergen immer aus dem Vollen schöpfen. Meinem Großvater blieb nichts anderes übrig, als sie gewähren zu lassen, wollte er doch seine Familie nicht in Gefahr bringen.

Mein Vater war gerade 17 Jahre alt und reif für den Wehrdienst. Die SS wollte ihn nun in ihrer Truppe haben. Das ging meinem Großvater zu weit und er sagte dem Obersten: „Zu euch Verbrechern kommt mein Sohn nicht." Diese Aussage hätte ihm das Leben kosten können. Doch dachten sich die Schurken eine andere Gemeinheit aus, die sich für meinen Vater letztlich als Lebensrettung entpuppte. Er durfte seine Ausbildung zum Böttchergesellen nicht mehr beenden und wurde anstatt an die Ostfront weit weg an die Westfront geschickt. Man hatte damit beabsichtigt, dass er, wenn er ein paar Tage Urlaub haben würde, nicht mal eben zu Hause vorbeischauen konnte. Als die Offensive der Alliierten 1944 einsetzte, kam mein Vater recht bald in britische Gefangenschaft und war bis Kriegsende sicher in Kanada in einem Gefangenenlager inhaftiert und musste Bäume fällen.

Heute, mit zunehmendem Alter, bin ich stolz auf meinen Großvater, dass er den Mut hatte, sich der SS zu wiedersetzen. Leider habe ich ihn nie kennengelernt. Ich finde, er würde mit all den einfachen und namenlosen Helden gemeinsam, die leider für ihre Zivilcourage nie zu Ruhm und Ansehen gelangten, mehr Anerkennung ja sogar den Nobelpreis verdienen. Am besten noch überreicht von Günter Grass*, der die Menschheit belehrte, was gut und böse ist, und obwohl Nobelpreisträger, sich erst spät im Leben traute, seine SS Vergangenheit öffentlich zu bekennen.

Meine Mutter stammte aus Mecklenburg-Vorpommern. Sie flüchtete 1952 Hals über Kopf im Alter von 20 Jahren aus der DDR. Die Flucht erfolgte recht unspektakulär mit der S-Bahn von Ost- nach Westberlin und war doch sehr spektakulär, da sie, außer einer Freundin niemandem etwas von ihrem Vorhaben erzählte. Meine Mutter war dafür bekannt, dass sie sich den Mund nicht verbieten ließ. Sie war eine Frau ohne Furcht aber doch wohl mit Tadel. Mit ihren Eltern hatte sie immer wieder Auseinandersetzungen und von daher fiel ihr der Abschied

*https://www.wsws.org/de/articles/2006/08/gras-a18.html

vom Elternhaus nicht schwer. Die Flucht war eher ein Abenteuer für sie. Auch erkannte sie sehr wohl, dass die Bevormundung durch das DDR-Regime ihr nicht liegen würde. Wäre meine Mutter in der DDR geblieben, wäre sie meiner Einschätzung nach sicherlich in ein Umerziehungslager gekommen.

Meine Eltern verschlug es nach dem Krieg durch Flucht und Vertreibung nach Westfalen. Sie lernten sich 1955 beim Tanz in den Mai kennen. Beide Geschichten wären an sich schon erzählenswert, würden jedoch den Rahmen dieses Buches sprengen. Dennoch haben ihre Lebensgeschichten mir zumindest im Nachhinein geholfen, meine Eltern und nicht zuletzt mich selbst besser zu verstehen.

Mein Vater fand Arbeit in einer Holzfabrik und meine Mutter verdiente sich ihren Unterhalt im Haushalt des Dekans in Gütersloh. Aus ihrer Ehe gingen mindestens sechs Kinder hervor. Ich habe gehört, dass meine Mutter ein oder zwei Fehlgeburten gehabt hatte, worüber aber nie offen gesprochen wurde.

Meine Eltern haben zu Anfang ihrer Ehe gleich Zwillinge bekommen und mussten sich nebenher ihre Existenz in der Nachkriegszeit ganz neu aufbauen. Außerdem hatte mein Vater noch seine Mutter und eine behinderte Schwester zu versorgen. So war die Lebenssituation meiner Eltern recht schwer und das Wirtschaftswunder zog eher an ihnen vorbei, als dass sie daran teilhaben konnten.

Es war damals üblich, dass Fabrikbesitzer Siedlungen für die Unterkunft ihre Arbeiter bauten. In solch einer

Wohnsiedlung am Rande der Stadt bezogen meine Eltern eine kleine Werkswohnung mit drei Zimmern. Die eine Straßenseite war mit Einfamilienhäusern bebaut und die andere bestand aus Werkswohnungen. Jedes Haus hatte zwei Eingänge für jeweils vier Mietparteien. Zu jeder Wohnung gehörte ein großer Garten. In unserem baute mein Vater Gemüse an und stapelte das Ofenholz. Seine Hasenhaltung war nicht nur ein Hobby, sondern auch notwendig für die Fleischversorgung für die Familie. Wenn es die finanzielle Lage zuließ, kauften meine Eltern einmal im Jahr ein geschlachtetes Schwein. Das wurde dann verwurstet und in Einmachgläsern eingekocht.

Eine kleine Story hier zu erzählen, kann ich mir nicht verkneifen: Es gab so ein typisch ostpreußisches Gericht, Schwarzsauer genannt, das aus frisch geschlachteten Schweineteilen wie Schwänzchen, Pfötchen etc. und Backobst bestand. Eine Hauptzutat dieses „köstlichen Mahls" war gerührtes Blut vom frisch geschlachteten Schwein.

Eines Tages kam meine Schwester nach Hause und hatte großen Durst. Sie ging an den Kühlschrank und setzte sich die Coca-Cola Flasche an den Mund um zu trinken. Jedoch enthielt diese nicht die erhoffte Cola, sondern das Schweineblut. Meine Mutter war schneller am Waschbecken, um sich zu übergeben, als meine Schwester. Ich glaube, seit diesem Tag gab es dieses Gericht nicht mehr bei uns.

Während der Jahre des Wirtschaftswunders dachte man nur wenig an eine gesellschaftliche, oder gar an eine persönliche Aufarbeitung der Kriegserfahrungen, obwohl es sicherlich für Millionen von Menschen dringend notwendig gewesen wäre. Meine Eltern machten es vielen deutschen Politikern nach: rauchend und mit reichlich Alkohol, den Blick nach vorne in eine vernebelte Zukunft gerichtet, versuchten sie die inneren Trümmer des Zweiten Weltkrieges hinter sich zu lassen, in der Hoffnung, dass die Vergangenheit sie nie mehr einholen würde. Der Verlust von Familienangehörigen und Freunden, von Heimat und Besitz, verbunden mit schrecklichen Erinnerungen an Armut, Hunger und Flucht, Krankheit und Tod. Gedanken daran waren dennoch immer gegenwärtig und geisterten ungefragt durch den Kopf.

Die Bedeutung der Zigarette und des Cognacs ist hier besonders hervorzuheben. Gerade die Zigarette war in den Jahren nach dem Krieg und vor der Währungsreform ein Zahlungsmittel. Später symbolisierte der Konsum von Tabak und „hochwertigem" Alkohol Wohlstand und somit die Teilhabe am Wirtschaftswunder. Aber auch der Schmerz wollte gelindert werden.

Es wurde bei uns zu Hause viel Alkohol getrunken und als dann noch Sorgen und Not dazukamen bzw. die Überforderung durch uns sechs Kinder, dann wurde halt auch mehr getrunken. Auf diese Weise ließ sich die Situation besser ertragen und so entwickelten sich meine Eltern nach und nach zu Alkoholikern.

Die Mutter meines Vaters starb, als ich zwei Jahre alt war. Meine behinderte Tante bezog eine Zwei-Zimmer-Wohnung am Stadtrand, wo die Stadt Baracken für Sozialfälle zur Verfügung stellte. Die Tante besuchten wir regelmäßig und sie gab uns Kindern immer reichlich Schokolade. Sie war sehr lieb zu uns. Es war für meine Eltern neben den sechs Kindern dennoch eine zusätzlich belastende Verpflichtung, sich auch noch um sie zu kümmern zu müssen. Sie brauchte wirklich Fürsorge, und wir waren ja ihre einzigen Angehörigen.

3. Der Jabbel

Ich bin in einer sehr kleinen Wohnung aufgewachsen. Neben dem elterlichen Schlafzimmer und einem Kinderzimmer gab es noch eine Wohnküche. Insgesamt hatte die Wohnung nicht mehr als 60 oder 70 Quadratmeter und da war es auch bei so vielen Personen auf engem Raum kaum möglich, Ordnung zu halten und wir mussten vielfach unsere Sachen erst einmal suchen. Zeitweise waren wir ja zu sechs Kindern in einem Kinderzimmer und hatten somit keinen eigenen Bereich, wo wir unsere Spiel- und Schulsachen aufbewahren konnten. Da jedes der Geschwister die Sachen der anderen nehmen konnte, gab es natürlich häufig Auseinandersetzungen.

Obwohl es mir heute schwerfällt, mich an mein Empfinden von damals zu erinnern, ist mir doch ein Nachgeschmack aus einer Atmosphäre von Zank und Streit geblieben. Ich fühlte mich einsam in der großen Familie, nicht dazugehörig und auf mich allein gestellt, da ein ständiger Konkurrenzkampf unter uns Kindern vorherrschte, selbst z. B. ein dauernder Streit am Tisch ums Essen.

Mein Vater schaffte es zwar, seiner Arbeit nachzugehen und so eine Grundversorgung aufrecht zu erhalten, aber trotzdem kam es öfters dazu, dass wir zuhause nicht genug zu essen hatten und hungrig ins Bett gingen. (Erst jetzt weiß ich, dass meine Bauchschmerzen von damals auch vom Hunger herrührten.) Als Kinder wurden wir immer wieder in den nächsten „Tante-Emma-Laden" geschickt, um auf Pump Brot, Margarine und Wurst zu holen. Manchmal standen auch noch Schnaps und Zigaretten auf dem Einkaufszettel, was wir dann aber meistens nicht vom Ladeneigentümer ausgehändigt bekamen. Besonders demütigend war es für mich, wenn wir „nachts", vielleicht so um 21 Uhr aufgeweckt wurden, um beim Nachbarn zwei Straßen weiter, der im Nebenerwerb einen Bierverkauf hatte, Bier und Zigaretten zu holen, manchmal sogar auch mit „Anschreiben". Es kostete mich jedes Mal erhebliche Überwindung, wenn wir vor der Tür standen und klingeln mussten, denn ich schämte mich in Grund und Boden. Zum Glück waren wir meistens zu zweit.

Vom Temperament her war ich eher ein lebendiges Kind, das auch gerne redete und Dinge entdecken wollte. Doch mein Eroberungsdrang wurde durch das damals gängige Kindergefängnis, ungerechterweise Laufstall genannt, unterbunden. Das Eingesperrtsein sollte sich aber weiter durch meine Kindheit ziehen. Nicht selten wurden meine beiden Brüder und ich in der Wohnung eingeschlossen, wenn meine Mutter einkaufen ging. Ich hatte dann mit sechs Jahren den Auftrag, auf meinen zwei Jahre jüngeren Bruder aufzupassen. Es war immer schrecklich für mich, wenn meine Mutter die Wohnung verließ und die Tür hinter sich abschloss. Ein Gefühl der Angst und der Überforderung stellte sich ein, und ich fühlte mich hilflos der Situation ausgesetzt. Besonders schlimm war für mich, dass ich die Zeit nicht einschätzen konnte, wie lange meine Mutter wohl ausbleiben würde. Ihr Fortbleiben kam mir oft wie eine Ewigkeit vor.

Eines Tages, ich war mal wieder mit meinem Bruder allein in der Wohnung, schaffte er es, die Eierschachtel aus dem Küchenschrank zu ziehen und runter zu schmeißen, sodass sich die glitschige Eiermasse auf den Boden ausbreitete. Das Ganze wurde dann noch mit Mehl vermengt und ergab auf dem Parkettboden eine fürchterliche Schmiererei. Bei dem Versuch, meinen Bruder daran zu hindern, noch mehr Chaos zu veranstalten, zerrte ich ihn in den Flur. Wir fielen dabei häufig hin und taten uns ständig weh. Nach viel Prügelei schaffte ich es endlich, ihn in den Flur zu schleifen und mich vor die Tür zu setzen. Diese verteidigte ich dann, bis meine Mutter kam und empfing sogleich, wegen des ausgebrochenen Chaos, auch noch meine Tracht Prügel. Dabei zerbrach der Holzkochlöffel auf meinem nackten Hinterteil. Mein Bruder kam ungeschoren davon, was für mich durchaus o. k. war. Aber das Unverständnis meiner Mutter machte mir sehr zu schaffen und ich fühlte mich von ihr zutiefst gekränkt, ungerecht behandelt und missverstanden. Das Gefühl, nicht erwünscht und nicht gewollt zu sein, bestimmte schon früh mein Leben.

Meine sechs Jahre älteren Zwillingsschwestern hatten oft die Anordnung, sich nach der Schule um uns Jungs zu kümmern. Das kam häufig vor und ging so weit, dass ich zu einer von ihnen „Mama" sagte. Ja, meine Mutter war überfordert und einen Teil ihrer Aufgaben hat sie deswegen auf ihre Töchter übertragen. Diese wurden somit früh, zu früh mit der schwierigen Aufgabe der Beaufsichtigung und Erziehung von in unserem Fall schwer lenkbaren Geschwistern beauftragt und dadurch zum Teil ihrer Kindheit beraubt. Sicherlich, was waren das für Probleme verglichen mit all dem Schrecklichen, was meinen Eltern selbst als Kindern und Jugendlichen im Krieg widerfahren war.

Schon im Kindergartenalter verhielt ich mich auffällig. Mir fiel es schwer meinen Bewegungsdrang unter Kontrolle zu halten, und da ich auch sonst nicht schüchtern war, rief ich ständig in die Gruppe hinein, was häufige Zurechtweisungen der Erzieherin zur Folge hatte. Das Gefühl, nicht erwünscht und nicht passend zu sein, bestimmte auch hier mein Dasein. Auch hier fühlte ich mich einsam, unverstanden und nicht dazugehörig. Ich war sensibel und weinte schnell einmal und so bekam ich, zuerst zuhause, den Spottnamen Jabbel, was so viel bedeutete wie Heulsuse, Weichei, mädchenhaft.

Außerdem schielte ich stark und trug eine Brille, was anderen Kindern oft Anlass gab, mich zu hänseln. Im Kindergarten, den ich bald von Grund auf verabscheute, bezog ich regelmäßig Prügel. Es war, als wenn mir auf der Stirn geschrieben stände: „Prügelt mich, ich nehme gerne eure Angriffsgelüste auf mich". Oft bemerkten die Erzieherinnen das Prügeln gar nicht und durch mein auffälliges Verhalten in der Gruppe war ich ja nicht unbedingt ihr Lieblingskind. Ich war anstrengend und so bekam ich auch von den Erzieherinnen wenig bzw. keinen Schutz.

Es hätte auch gar keinen Sinn gemacht, sich zu beschweren, weil meine Erfahrung mir gezeigt hatte: Ich wurde nicht gehört oder bekam sowieso die Schuld. Ich wusste also, ich war schuld. Ich wusste zwar nicht warum, aber ich wusste, dass ich schuld war.

Voller Sehnsucht erwartete ich den ersten Schultag. „Dort wird alles anders und besser!", dachte ich. Doch zu meiner großen Enttäuschung setzte sich dort das Drama des verspottet und geprügelt Werdens fort. Ich war in der Klasse weinerlich, unruhig und zappelig, was mir wiederum ständige Ermahnungen der Lehrer einbrachte, sehr zur Belustigung der anderen Kinder. Bald verfolgte mich der beschämende Name Jabbel auch in der Schule und wegen meiner Brille und dem Schielen erhielt ich noch zwei neue Spitznamen dazu: Schielkopf und Brillenschlange. Wieder überkam mich das Gefühl, in der Klasse nicht gemocht zu sein. Meine drei älteren Schwestern versuchten zwar, mich vor den Hänseleien und vor der Prügel zu beschützen, doch war es ihnen natürlich nicht immer möglich, da sie ja in eine andere Klasse gingen und nicht die ganze Zeit auf mich aufpassen konnten.

Dennoch hatte ich irgendwie eine besondere Zuneigung für die „starken" Kinder, die mich hänselten, und ich versuchte, Annahme bei ihnen zu finden. Sobald ich mit denen allein war, habe ich mich durchaus gut mit ihnen verstanden, doch in der Gruppe wurden sie wieder zu Gegnern, zu Feinden von mir. Ich habe positive Eigenschaften in den anderen gesehen, aber ich konnte meine Zuneigung ihnen gegenüber nicht für sie annehmbar zum Ausdruck bringen. Es war wie ein tiefes Gefühl von Liebe, und mir war manchmal so, als wenn es mich förmlich überfluten, als wenn ich daran ertrinken würde. Ich wollte mit Kindern spielen, weil ich sie mochte, doch wurde ich ständig zurückgestoßen. Ich hatte die Sehnsucht nach einem Freund, die aber nicht gestillt wurde. Mir war, als wollte keiner etwas mit mir, dem Jabbel, zu tun haben.

Die Folge? Mit sieben Jahren versuchte ich das erste Mal, mich umzubringen. Ich sehnte mich nach dem Tod als

Erlöser aus diesem Martyrium, als welches ich mein Leben empfand. Die empfundene Traurigkeit über die Zustände in der Schule und zuhause war in mir so erdrückend, dass ich ernsthaft versuchte, mich mit einem Kissen zu ersticken, was mir natürlich nicht gelang.

Einen zweiten Versuch, mir das Leben zu nehmen, machte ich zwei Jahre darauf. Nachdem ich wieder einmal zu Unrecht von meiner betrunkenen Mutter geschlagen worden war, versuchte ich, mich mit einem alten Fahrrad zu Tode zu trampeln. Ich fuhr dieses klapprige Ding so fest und so lange, bis ich unter Tränen vor Frust und Erschöpfung zusammenbrach. Danach musste ich die ganze Strecke, es waren sicherlich mehr als zehn Kilometer, zu Fuß zurücklaufen, weil ich nun zu schwach war zu fahren. Niemand hat etwas von dieser dramatischen Begebenheit bemerkt.

Später erfolgte noch ein dritter Versuch. Das war ein Augenblick, in dem ich allein vor einem riesigen Berg Geschirr stand. Meine Mutter, die ihren Mittagsschlaf hielt – sie schlief wieder einmal ihren Rausch aus – verlangte von mir, dass ich diesen Berg Geschirr alleine bewältigte. Meine Brüder sollten anfänglich zwar den Abwasch mit mir machen, doch waren diese, nach einem vorangegangenen Streit, nicht mehr dazu zu bewegen, auch nicht nachdem ich sie fürchterlich verprügelt hatte. Es war absolut nichts mehr zu machen und so blieb mir also auch nichts anderes übrig, als der Anordnung meiner Mutter Folge zu leisten.

Um meiner bedrückenden Lage zu entrinnen, machte ich mir dieses Mal einen Mix aus Tee mit Zucker und Spülmittel. Mir wurde freilich nur fürchterlich schlecht von dem Gebräu und ich musste mich übergeben. Apathisch und unter Tränen vor Wut über die Ohnmacht, meine unerträgliche Situation nicht verbessern zu können, machte ich mich letztlich doch an die Arbeit. Dazu hatte ich auch noch den Druck im Nacken, meine Hausaufgaben für die Schule zu erledigen. Mir war jetzt schon klar, dass ich beides nicht schaffen würde und das bedeutete wieder Stress in der Schule.

Keiner, nicht einmal meine Geschwister, bekamen irgendetwas von meiner inneren Verzweiflung und den damit verbundenen Selbstmordabsichten mit. Über solche Dinge habe ich nicht geredet und darüber wurde auch nicht gesprochen. Es schien niemanden auf der Welt zu geben, der erkannte, dass ich, ein völlig trauriges und depressives Kind, auf der verzweifelten Suche nach einer Überlebensstrategie war, auch dann noch, wenn ich am liebsten sterben wollte. Es gab keine Verwandten oder sonstige Familienangehörige, die uns hätten unterstützen können. Die Geschwister meiner Mutter und deren Eltern lebten in der Ostzone (ehemalige DDR) und waren von daher nur sehr selten zu Besuch bei uns. Zum Glück fehlte mir das Wissen, meinem Leben erfolgreich ein Ende zu setzen.

Wir waren als Familie mittlerweile in eine größere Wohnung umgezogen. Diese verfügte nun über zwei Kinderzimmer und so konnten die drei Mädchen getrennt von den drei Jungs untergebracht werden. Dennoch, einen eigenen Schreibtisch für Hausaufgaben hatte niemand von uns. Es gab nur den Fußboden oder den Küchentisch, an dem aber selten Ruhe oder Platz war.

Die nachbarschaftlichen Verhältnisse verschlechterten sich durch den Umzug aber meiner Ansicht nach. Um uns herum gab es viel mehr Sozialfälle als in der vorherigen Wohngegend. In einer der Familien im Haus wurde auch ständig getrunken und lauthals gestritten. Eine andere Familie, die Frau war übergewichtig, die Kinder verwahrlost und der Mann konnte sich nicht durchsetzen, bekam häufig Pakete von Neckermann oder Ottoversand und steckte oft in Geldnot. Die Wohnung war ein einziges Chaos und die Kinder, alle jünger als wir, taten uns leid. Überhaupt ging der Gerichtsvollzieher in unserem Wohnblock ständig ein und aus und es gab im Haus viel Streitereien, wer z. B. mit dem Flurputzen an der Reihe war.

Meine Eltern hatten sich mittlerweile einen Teich zugelegt, der mitten im Wald gelegen war. Diesen konnten sie günstig pachten. Sie setzten dort eine Holzhütte hin, in der man auch übernachten konnte. Dort verbrachten wir dann die meisten Wochenenden und unsere Ferien. Dieser Ort war auf der einen Seite unser eigenes Reich, das wir nur für uns hatten, auf der anderen Seite war es aber auch fürchterlich langweilig, weil es dort keine anderen Kinder zum Spielen gab.

Meine Eltern hingegen genossen die Ruhe und die Natur. Mein Vater liebte es zu angeln, und auch wir Kinder durften uns darin versuchen. Unsere Angel bestand aus einer Haselnussrute mit Schnur und Korken als Schwimmer.

Einfach, aber funktionell. Allerdings konnte auch diese Beschäftigung auf Dauer der Langeweile nicht entgegen wirken. Auch hier konsumierten meine Eltern reichlich Alkohol. Für die Entsorgung der Flaschen wurden große Löcher im Wald gegraben und diese darin versenkt.

Viele Jahre später suchte ich den Teich einmal auf (unser Pachtvertrag war längst abgelaufen), da fand ich ihn in einem desolaten Zustand vor. Überall schwammen Müll und Flaschen im Wasser, die Hütte war ohne Türen und von Vandalismus gekennzeichnet. Als ich sie betrat, durchfuhr mich ein Schauer nach dem anderen. So viele Erinnerungen und Erlebnisse an diese Hütte kamen plötzlich in mir hoch und vieles war mit Gefühlen von Schmerz, Einsamkeit und Hoffnungslosigkeit verbunden. An den Wänden erkannte ich die Tapeten, die mich in meiner Kindheit in den verschiedenen Wohnungen begleiteten und deren Muster ich als Kind oft mit den Fingern nachgezeichnet hatte. Dann entdeckte ich an einer Stelle, wo die Tapete schichtweise abgerissen war, auf der darunter liegenden Holzwand ein Gekritzel. Ich riss mehrere von den Tapetenschichten ab und entdeckte eine Zeichnung von mir. Die Zeichnung stellte ein Haus dar, wie ich es mir als Kind immer erträumt hatte. Die untere Kante des Bildes war mit einer Linie abgegrenzt, an die mein kleiner Bruder nicht heranreichte, der versucht hatte, in mein Bild hinein zu schmieren. Ich habe bis heute kaum Erinnerungsgegenstände aus meiner Kindheit. So beschloss ich, mich an dem Vandalismus zu beteiligen und brach mir das Bild mit meinem Traumhaus aus der Wand heraus.

Wenn einmal ein Klassenkamerad zu uns nach Hause kam, um mich zum Spielen abzuholen, durfte ich meistens nicht raus. Meine Mutter verhinderte das. Eine Begründung gab es nicht. Die Logik meiner Mutter war für mich als Kind nicht verständlich. Meistens war das Verbot, raus zu gehen, mit irgendwelchen Aufgaben wie Hausarbeiten, Zimmer aufräumen oder Ähnlichem verbunden, eben etwas, was nicht in Ordnung war. Daher war es zusätzlich für mich nicht so einfach, Freundschaften aufzubauen. Ich litt sehr unter Mutters Kontrolle und der damit verbundenen Isolation. Diese verstärkte mein Gefühl der Einsamkeit, welche sich wie eine schmerzende Wunde in meine Seele brannte.

In der Schule war ich nicht nur der Prügelknabe sondern auch der Klassenclown. Ich habe mich viel in den Vordergrund gespielt, und wenn ich etwas erzählte, hielt ich Fantasie und Wirklichkeit nicht auseinander. Es war vielfältig miteinander verwoben, so sehr lebte ich meiner eigenen Welt.

Jedes Mal, wenn wir umzogen, was öfter der Fall war, hatte ich die Hoffnung auf einen Neuanfang. Jedes Mal nahm ich mir vor, anders zu sein. Ich würde versuchen, sicherer aufzutreten und außerdem kannten mich die neuen Schulkameraden ja noch nicht. Ich dachte, dass ich eine neue Chance bekommen würde, akzeptiert und angenommen zu werden. Doch jedes Mal versagte ich bei dem Kampf, meine Rolle in der Klassengemeinschaft zu finden. Es dauerte nicht lange – und ich war doch wieder der Prügelknabe. Oder ich machte so viel Unsinn in der Klasse zum Vergnügen meiner Mitschüler, dass diese auf ihre Kosten kamen. Dann hatte ich zwar vor ihnen Ruhe, doch dafür Stress mit den Lehrern. Um zur Gemeinschaft dazuzugehören ging ich sogar so weit, dass ich mich nach der Schule meinen Schulkameraden als Sparringspartner zur Verfügung stellte. Das bedeutete, dass ich mich in den Boxring als ein Trainingsopfer zu Verfügung stellte, obwohl ich wusste, dass ich unterlegen war. Ungeachtet dessen, dass ich von ihnen fürchterlich geprügelt wurde, bin ich doch immer wieder zu der Clique hingegangen und diente somit der Gruppe zur allgemeinen Belustigung. Ich wollte unbedingt dazugehören. Ich hatte gelernt, Prügel einzustecken und litt unter einer gewissen Resignation. Ich entwickelte eine scheinbare Gleichgültigkeit im Hinblick auf die Prügel, die ich bezog, sei es in der Schule, Zuhause oder von meinen Freunden, welche nie wirklich meine Freunde waren. Diese Rolle nahm ich bis zum neunten Schuljahr ein.

Die Wende kam, als ich eines Tages bei einer Prügelei in der Schule ausrastete und meinen Gegner in den Würgegriff bekam. Ich hatte Angst, ihn wieder loszulassen, da ich dann die Prügel meines Gegners fürchtete. So würgte ich ihn solange, bis er keine Luft mehr bekam und nahm dabei in Kauf, ihn umzubringen. Zu fünft oder sechst mussten andere Schüler ihn vor mir retten. Das war das erste Mal, dass ich mich nach einer Prügelei großartig fühlte. Ich verschaffte mir solch einen Respekt, dass ich für einige Zeit nicht wieder in einen Streit oder in eine Hänselei verwickelt wurde.

Ein weiteres bedeutendes Ereignis für mich war, als mein Vater eines Abends nicht nach Hause kam. Wir machten uns alle Sorgen, es könne ihm etwas passiert sein. Meine Mutter wusste wahrscheinlich, dass mein Vater getrunken hatte. Sie schickte meine Schwestern und mich los, meinen Vater zu suchen. Es war schon dunkel geworden und die Abkürzung von unserer Wohnung zu unserem Teich führte über einen Friedhof. Dort fanden wir unseren Vater stockbesoffen auf einem Grab liegen. Er war gestürzt und vor Trunkenheit dort liegen geblieben und eingeschlafen. Wir schafften es, ihn nach Hause zu bringen. Ich schämte mich in Grund und Boden und war so wütend, dass ich zu Hause anfing, fürchterlich auf unsere Katze einzuprügeln. Ich fühlte mich äußerst hilflos und machtlos, wusste ich doch nicht, wie ich an dieser mir so verhassten Situation etwas verändern konnte. Da traf ich die Entscheidung, nicht so enden zu wollen wie mein Vater. Ich wollte nicht wie mein Vater, als Alkoholiker, mit einem schlechten Beruf und ungebildet, mein Leben fristen. Armut, keine Bildung und Alkoholismus standen für mich in einem Zusammenhang. So beschloss ich, mich in der Schule anzustrengen und zu lernen. Ich wollte aus diesem Elend heraus, strengte mich in der Schule sehr an – und meine Schulnoten verbesserten sich drastisch.

Meine älteste Schwester zog von zuhause aus in eine andere Stadt, wo sie eine Ausbildung zur Krankenschwester begann. Bald darauf lernte sie ihren Mann kennen und ihre Verlobungsfeier wurde zusammen mit meiner Konfirmation gefeiert. Außer der neuen Kleidung dafür blieb nicht viel an Geschenken für mich übrig, denn von dem Geld, das ich bekam, wurde die Verlobungsfeier mitfinanziert. Ich war sehr enttäuscht, hatte ich mir doch so sehnlichst ein neues Fahrrad gewünscht. Ich hatte mich so sehr darauf gefreut und mir in meiner Fantasie ausgemalt, wie auch ich mit einem Bonanza-Fahrrad durch die Gegend fuhr. Da tat es mir sehr weh, die anderen Mitschüler mit ihren neuen Fahrrädern zu sehen, das ich mir nun nicht leisten konnte.

4. Jugend

Da ich keine Freunde hatte, suchte ich mir schon mit 13 Jahren eine Arbeit. Dies war auch eine gute Möglichkeit für mich, dem Elend zu Hause zu entfliehen. Ich suchte mir in den Ferien einen Job, den ich dann während der Schulzeit beibehalten konnte. Ich arbeitete für drei DM (Deutsche Mark) in der Stunde im Garten eines Rauchfleischfabrikanten. Als dieser bemerkte, dass ich gut arbeitete, bot er mir an, in der Räucherei LKWs mit gefrorenem Fleisch zu entladen. In den folgenden Jahren kam ich in der Woche manchmal auf 40 Arbeitsstunden neben der Schule. Einmal die Woche bekam ich meinen Lohn ausgezahlt.

Die Mutter meines Chefs hatte einen kleinen Lebensmittelladen auf dem Firmengelände, wo ich mir meine Schokoriegel, Cola und Zigaretten kaufte. Wenn ich dann meinen Lohn ausgezahlt bekam, ging ich in den Laden, um meine Rechnung zu bezahlen. Nicht selten fiel diese über die Maßen hoch aus, da meine Mutter ebenfalls dort einzukaufen pflegte, wenn sie kein Geld hatte. Sie ließ dann Schnaps, Bier und Zigaretten oder auch andere Lebensmittel auf meinen Namen anschreiben. Somit blieben mir manchmal von 120 DM Lohn noch ca. 40 DM übrig. Diese teilte ich dann noch einmal mit meiner Mutter. Von den restlichen 20 DM ging ich am Sonntagnachmittag ins Kino und aß noch ein Eis.

Richtig genießen konnte ich solche Nachmittage nur selten. Oft hatte ich auch ein schlechtes Gewissen, überhaupt so viel Geld für mich auszugeben. Häufig waren diese Nachmittage von tiefer Traurigkeit und Einsamkeit überschattet, da ich niemanden hatte, dem ich das Erlebte hätte erzählen können und weil ich nicht wusste, wie ich gegen die Gefühle angehen konnte. Sie beinhalteten auch eine Verlorenheit und eine Verlassenheit. War ich überhaupt für irgendjemanden von Bedeutung? Es lag doch immer an mir, dass alles so schief lief. Ging etwas Zuhause kaputt, war ich der Blödmann, dem immer etwas kaputt ging. Ich hatte mal wieder nicht aufgepasst. Ich war derjenige, der überall aneckte und aus der Reihe fiel und ständig mit allen Streit bekam. Ich taugte anscheinend gar nichts.

Manchmal war ich an den Wochenenden noch auf Rummelplätzen, wo ich Lose verkaufte. Der Losbudenbesitzer holte mich freitags nach der Schule ab und brachte mich am Sonntagabend wieder nach Hause. Das meiste Geld gab ich bei meiner Mutter ab. Dadurch konnte ich mir zumindest meine Freiheit erkaufen, von zuhause weg zu sein.

Trotz des Stresses und der vielen Arbeit schaffte ich es, meine Zensuren so aufzubessern, dass ich die Qualifikation für die zehnte Klasse der Hauptschule bekam, um im Jahr darauf die mittlere Reife absolvieren zu können. Damit hatten selbst die Lehrer nicht gerechnet. Das folgende Schuljahr sollte eins meiner besten und erfolgreichsten werden. Wir waren nur elf Schüler in der Klasse und hatten gemeinsam riesigen Spaß, vor allem auch am Lernen. Wir konnten durch das intensive Miteinander sehr viel Stoff bewältigen.

Dies war aber auch die Zeit, in der ich anfing, sehr viel sozialkritischer zu denken. In einem Ferienjob lernte ich

Klaus kennen, der eine Ausbildung zum Bürokaufmann in „meiner" Firma absolvierte. Wir hatten einige gleiche Interessen, lasen z. B. Hermann Hesse und spielten Gitarre. Dabei wurden wir sehr von Bob Dylan inspiriert. Wir versuchten, seine Songs zu spielen und nahmen zusammen bei einem Freak im Jugendhaus Gitarrenunterricht. Ich lernte psychedelische Musik kennen wie Pink Floyd, Emerson Lake & Palmer usw.* Ein besonderes Erlebnis war es immer wieder, in die nächste Disco zu trampen, in der solche Musik gespielt wurde. Vorher rauchten wir einen Joint. Das Leben bekam für mich eine ganz neue Dimension. Wir besuchten Anti-AKW-Demos und wuchsen in unserer Kritik gegen den Staat, den ich mittlerweile für die Zerstörung des Lebens meiner Eltern verantwortlich machte. Dieser Staat bestand für mich entweder aus den übriggebliebenen Nazis oder den Unternehmern, welche schon am Krieg verdient hatten und es jetzt wieder taten, indem sie weiterhin Menschen für ihre Zwecke ausbeuteten und missbrauchten. Allmählich entwickelte ich mich zu einem systemkritischen Revoluzzer, der einen starken Drang nach Freiheit und tragischer Romantik hatte.

Als ich für die Schule „Aus dem Leben eines Taugenichts" von Eichendorf las, konnte ich mich darin voll wiederfinden. Der Taugenichts in Eichendorfs Erzählung aus dem Jahre 1826 hatten einen unsagbaren Drang, die Welt zu entdecken. Er wollte unbedingt aus dem bürgerlichen Dasein ausbrechen, was er dann auch tat, indem er den

---

*Diese Musik entstand in den 60-iger Jahren und war ein Resultat aus dem experimentieren mit Drogen (psychedelischen Drogen) wie LSD, welche die Wahrnehmung stark verändert (Halluzinogene).

Beruf des Vaters als Müller nicht antrat. Besser gesagt, sein Vater hatte ihn praktisch weggeschickt, weil er zu nichts taugte.

Wie sehr identifizierte ich mich mit seiner ihm eigenen Romantik und seiner Wanderschaft, wo er seine Geige spielte, wenn ihm danach zu Mute war. Ich sehnte mich auch nach Freiheit und nach Unabhängigkeit. Ich wollte aller Verpflichtungen und jeglicher Verantwortung entledigt sein, um einfach offen für das sein zu können, was die Welt Neues zu bieten hatte. Die in dieser Novelle beschriebenen Gefühle ergriffen immer mehr Besitz von mir. Der Taugenichts rührte auch an meinem schmerzlichen Empfinden in Bezug auf das Leben: „Mir ist′s nirgends recht. Es ist, als wäre ich überall eben zu spät gekommen, als hätte die ganze Welt gar nicht auf mich gerechnet."*

Andere Bücher wie Siddhartha von Hermann Hesse oder die neuen Leiden des jungen W. von Plenzdorf verstärkten meine Sehnsucht nach etwas, das ich weder zu beschreiben noch zu definieren vermochte. Wonach verlangte meine Seele? War es die Sehnsucht nach Liebe und Annahme, vielleicht ganz normal nach einer Freundin? Nein, das war es eben nicht, denn wenn ich das alles gehabt hätte, dann würde vielleicht der heimliche und stille Schmerz in mir verschwinden, der innere Schmerz, der inzwischen ein Teil von mir, von meiner Persönlichkeit geworden war. Der unsägliche Schmerz, der durch die Einsamkeit bei mir eingezogen war, den wollte ich jetzt nicht mehr verlieren. Er war mir zum Tröster geworden,

---

*„Aus dem Leben eines Taugenichts" von Josef Eichendorff.

obwohl ich auch spürte, dass er etwas Bedrohliches, wenn nicht sogar etwas Lebenszerstörerisches an sich hatte. Ja, ich suchte nach diesem melancholischen Zustand. Mir war zu dieser Zeit allerdings nicht klar, dass ich, selbst wenn ich davon hätte loskommen wollen, gar nicht gewusst hätte, wie dies hätte geschehen sollen. Es war eine Spannung zwischen der Suche nach einer für mich unerreichbaren Geborgenheit, Sicherheit und Ordnung auf der einen Seite und dem Wunsch nach Freiheit und Unabhängigkeit auf der anderen. Jede Seite hatte ihren Preis. Für welche würde ich mich entscheiden? Das war mir noch nicht klar. Klar war mir aber mittlerweile, dass ich mich auf alle Fälle von dem Streben nach der heilen Welt von Flipper und Lassie* verabschiedet hatte, einer heilen Welt, die mir unerreichbar erschien. Die heile Welt gab es, zumindest für mich, nicht.

---

*Flipper und Lassie waren beliebte Fernsehsendung für Kinder in den 60-er Jahren.

5. Eddy

Ich weiß nicht mehr, wie und wann ich Eddy kennengelernt habe. Es muss wohl im Schlosspark in Rheda gewesen sein, wo sich regelmäßig die Alkohol- und Drogenszene traf, um sich zu vergnügen. Meistens wurde dort auch musiziert mit Gitarre und Bongos und darüber philosophiert, wie man die Welt verändern kann. Bob Dylan und Neil Young standen hoch im Kurs. Sie waren die Stimmen, welche mit ihrer Musik und ihrer Lyrik die Unzufriedenheit der damaligen Jugend und deren Sehnsucht nach einer gerechten Welt zum Ausdruck brachten. Eddy zeltete im Wald und lebte in den Tag hinein, spielte super Gitarre und hing ansonsten mit den anderen „Taugenichtsen" aus unserer Stadt herum, während ich die Schulbank drückte. Sein Lebensstil als Aussteiger faszinierte mich und wurde mein Ideal. Ich beneidete ihn darum. Wir wurden gute Freunde und genossen es, gemeinsame Aktionen zu starten. Wir kifften* und streiften anschließend stundenlang ziellos durch Waldgebiete, wobei wir nicht selten die Orientierung verloren und nachher mühsam den Weg nach Hause suchen mussten. Es waren kleine Abenteuer. Ab und zu klauten wir uns Fahrräder und besuchten Festivals und Konzerte. Ich lebte ein Stück weit durch ihn meine ersehnte Freiheit aus, die ich so noch nicht haben konnte. Wir liebten es, Marihuana zu rauchen, es gab uns das Gefühl, geradezu kreativ inspiriert zu werden, in einer besseren Welt zu sein und mehr wahrzunehmen als andere Menschen. Es machte uns Freude, im Baggersee zu schwimmen und uns über die Bürger und das spießige Leben lustig zu machen. Oft träumten wir von Indien und wie toll es sein müsste,

*Kiffen = umgangssprachlich für das Rauchen von Haschisch oder Marihuana.

ganz auszusteigen. Eddy fuhr des Öfteren nach Kreta und plante auch eine Reise nach Indien. Die Freiheit, in der er lebte, wurde für mich zum Ideal und oft machte ich mir Gedanken, wie ich so etwas erreichen könnte. Für mich war es somit ein Schock, als er mir eines Tages mitteilte, dass er nach Berlin gehen würde, um sich der Einberufung zur Bundeswehr zu entziehen, denn dort musste man damals keinen Wehrdienst leisten. Ich würde ihn und unsere Aktionen vermissen.

Die drohende Einberufung zur Bundeswehr machte auch mir sehr zu schaffen. Zu dieser Zeit war es nicht selbstverständlich, dass die Verweigerung des Wehrdienstes anerkannt wurde. Ich fürchtete den Zwang und die damals drohende Staatsgewalt, sprich Gefängnis, wenn ich der Einberufung nicht Folge leisten würde. Das war ja auch der Grund, weshalb viele Jugendliche bzw. Männer damals noch vor der Musterung nach Westberlin gezogen sind.

6. Reisen durch Europa

Es war während dieser „Eddy Ära", als ich mich kurz vor meinem 18. Geburtstag entschloss, eine sechswöchige Tour per Anhalter durch Griechenland zu machen. Von einem Bekannten lieh ich mir einen Rucksack und trampte los. Ich liebte die Reise ins Ungewisse. Wie weit würde ich heute kommen und wo würde ich übernachten?

Meinen ersten größeren Stopp hatte ich nach zwei Tagen in Ohrid, Jugoslawien, am gleichnamigen See an der Grenze zu Albanien. Ich quartierte mich auf einem Campingplatz ein und verlebte dort wegen eines heftigen Durchfalls meine erste Woche. Der See war außerordentlich klar und sauber und ich konnte kaum glauben, dass es so etwas Schönes und Unberührtes gab, was aber durch die Grenzlage trotzdem für mich auch eine Bedrohung ausstrahlte.

Dann ging es weiter nach Griechenland. Mein Gepäck war insgesamt viel zu schwer und ich kam von dort aus nur sehr langsam voran. Ich ernährte mich meistens von Brot, Tomaten und Käse. Nachts schlief ich einfach in der Wildnis, wobei ich nur ein Zelt und eine Decke dabei hatte. Das Zelt stellte ich später gar nicht mehr auf, sondern schlief darin einfach wie in einem Schlafsack. Die nächtlichen Himmel waren überwältigend. Da ich oft weitab von jeglicher Stadt im Freien übernachtete und keine Straßenlaternen und Stadtbeleuchtungen die Sicht trübten, erschien der Himmel zum Greifen nahe. So viele Sterne hatte ich mein ganzes Leben noch nicht gesehen. Ab und zu fühlte ich mich, als wäre ich ein Teil der Milchstraße. Nicht selten musste ich mich mit Gewalt von Gedanken über das Universum und seine Endlichkeit oder Unendlichkeit losreißen, weil ich befürchtete, verrückt zu werden.

Ich besichtigte die üblichen Touristenorte Igomeniza, Meteora, Olympia und bereiste somit den gesamten Peloponnes. Zwar traf ich auf der Reise immer wieder Menschen aus allen möglichen Nationen und verbesserte dadurch mein Englisch enorm, doch fühlte ich mich insgesamt wieder einmal sehr einsam und alleine. Manchmal, wenn ich über Tage mit niemandem sprechen konnte, war ich mit mir selbst bis zur Unerträglichkeit konfrontiert – mit meiner Sehnsucht, die tief in mir steckte und die unendlich viele Fragen aufwarf.

Mit einer überwältigenden Sehnsucht nach Beantwortung der Fragen um die Geheimnisse, die das Leben mit sich bringt, gekoppelt mit einem ungestillten Abenteuerdrang in der Ferne, kehrte ich schließlich nach Deutschland zurück, um den Kampf mit der Gesellschaft aufzunehmen. Diese Reise sollte nur der Auftakt für mich sein, und in Zukunft sollten noch weitere nach Sizilien, Tunesien, und Kreta folgen.

Kreta wurde in den nachfolgenden Jahren des Öfteren mein Reiseziel. Dort fühlte ich mich am wohlsten. Ich genoss das Leben am Strand und liebte es, dieses immer mehr zu perfektionieren. Ich genoss es, Früchte wie Orangen, Zitronen, Artischocken, Tomaten etc. aus fremden Gärten zu „ernten", wilden Thymian, Salbei und Oregano zu suchen und zu trocknen und auf einer kleinen Feuerstelle am Strand Nudeln oder Reis zu kochen! Zum Frühstück genügte mir ein wenig Paximadi, eine Art

Zwieback. Dieser wurde mit ein wenig Wasser beträufelt und auf einen mittlerweile von der Sonne aufgeheizten Felsen gelegt. Das schmeckte wie frisch gebackenes Brot, einfach köstlich mit Feigenmarmelade oder Kretischem Honig.

Obwohl ich die Gemeinschaft mit anderen Menschen liebte, unternahm ich meine Reisen meistens alleine. Das lag zu einem daran, dass man alleine meistens besser beim Trampen per Anhalter mitgenommen wurde und zum anderen gehörte es zu meinem Image bzw. meinem Persönlichkeitsbild als „Taugenichts", frei und unabhängig zu sein.

Auf der einen Seite genoss ich die Freiheit, doch auf der anderen Seite war, wie schon erwähnt, die Einsamkeit für mich manchmal unerträglich. Immer wurde ich durch sie auf mich selbst zurückgeworfen. Wer bin ich, was soll das Leben? Was soll das Ganze? Was ist mein Ziel, gibt es eine Bestimmung für mich? Was ist das Geheimnis des Lebens? Liegt die Antwort im Buddhismus und im achtfachen Pfad? Finde ich die Antwort möglicherweise im Hinduismus? Ich war auf der Suche und hatte keine Ahnung, wie ich nach dem Sinn des Lebens suchen sollte.

Jedes Mal, wenn ich zurückkam und wieder in das normale Leben eintauchte, merkte ich, wie sehr ich die Freiheit und das unverbindliche Leben vermisste, und es fiel mir schwer, wieder in dieser für mich so stinknormalen und bürgerlichen Welt zu leben.

7. Claudia

Ich war bemüht, so schnell wie möglich meinem Elternhaus zu entfliehen, denn ich konnte die Zustände bei uns einfach nicht mehr ertragen. So nahm ich mir meine ältere Schwester zum Vorbild, die den Absprung von Zuhause durch ihre Ausbildung zur Krankenschwester geschafft hatte. Ich bewarb mich in über 20 Krankenhäusern. Schließlich bekam ich eine Stelle in einem Krankenhaus in Halle (Westfalen). Dort konnte ich dann mit 18 Jahren meine Ausbildung zum Krankenpfleger beginnen.

Ich war überglücklich, dass ich nun von Zuhause ausziehen konnte, doch gleichzeitig begann ich erst richtig ein Doppelleben. Auf der einen Seite gab es das Krankenhaus, das von mir viel Leistung abverlangte. So tat ich treu meinen Dienst dort und band meine langen Haare brav zu einem Zopf zusammen. Für mich war die Ausbildung ein einziges Theaterspiel – und auf der anderen Seite ein knallharter Kampf mit der gesellschaftlichen Realität. Ich wollte es mit dieser Gesellschaft aufnehmen, ihr und mir beweisen, dass ich ihr die Stirn bieten konnte. Auf keinen Fall wollte ich als Looser, als Besiegter dieser Gesellschaft dastehen. Ich hatte eine immense Wut im Bauch gegen dieses System, das daran schuld war, dass meine Eltern zu Alkoholikern geworden waren und mir somit meine Kindheit versaut hatte.

Allmählich wurde es für mich auch zu einem Problem, dass ich nie eine feste Freundin hatte. Das kratzte an meinem Selbstbewusstsein. Die meisten Männer meines Alters hatten eine Freundin und ich fragte mich, warum es mir nicht gelang, eine feste Beziehung zu führen. Was war falsch an mir?

Da lernte ich Claudia kennen. Sie arbeitete als Praktikantin auf der gleichen Station wie ich und strebte ein Medizinstudium an. Wir verstanden uns gut und begannen eine Freundschaft, die sich allerdings als schwierig und nicht erfolgversprechend darstellte. Auch hier fühlte ich mich wieder an den Taugenichts erinnert, der seine Geliebte nicht bekam. Er dachte, dass er nicht gut genug für sie sei, weil sie adelig und somit aus einem anderen gesellschaftlichen Stand war. Dazu hatte sie noch einen Freund. Irgendwann gab der Taugenichts die Hoffnung auf die Beziehung zu seiner Angebeteten auf.

Claudia kam auch aus einem anderen, einem intellektuellen „Stand". Da fühlte ich, dass ich hier nicht mithalten konnte. Dazu war sie zur gleichen Zeit auch noch mit einem anderen Jungen befreundet. Offensichtlich gab Claudias Freund ihr nicht das, wonach sie sich sehnte. Ich war allerdings auch nicht in der Lage, ihr das zu geben, damit sie bereit gewesen wäre, die alte Beziehung ganz aufzugeben.

Wir führten lange, intensive Gespräche politischer und philosophischer Art. Daneben tauschten wir Zärtlichkeiten aus und schliefen ab und zu im selben Bett, doch aus irgendeinem Grund kam es nie zu einem intimeren Akt. Intuitiv hatte ich eigentlich auch Angst vor einer Bindung, würde ich dieser doch dann meinen Freiheitsdrang opfern müssen.

Nachdem ich drei Monate in der Ausbildung war, es war Januar und ich kam gerade von einem meiner einsamen Waldspaziergänge zurück, wartete die Kriminalpolizei in meinem Zimmer, zusammen mit der Pflegeschwester. Sie waren dort gerade mit einer Durchsuchung nach Drogen fertig. Die Pflegedienstleitung und der Chefarzt des Hauses wussten schon Bescheid und letzterer wollte mich am liebsten sofort an die Luft setzen. Das konnte er zum Glück nicht, da meine Probezeit seit einer Woche beendet war und in meinem Zimmer keinerlei Drogen gefunden worden waren. Dabei hatte ich großes Glück gehabt, denn eine kleine Kammer im Durchgangszimmer war nicht durchsucht worden. In dieser befanden sich noch die abgeernteten Stängel von Marihuanapflanzen des letzten Sommers.

Die Beamten wollten mich anscheinend verunsichern, und um noch mehr herauszubekommen, wurde ich zur Kripo nach Gütersloh vorgeladen und dort vernommen. Da ich aber nicht wusste, was die Polizei gegen mich in der Hand hatte, gestand ich, schon einmal Haschisch konsumiert zu haben. Ich wüsste aber nicht mehr, wann genau das gewesen war und von wem ich es bekommen hatte. Ich erzählte, dass man mir beim Trampen etwas angeboten habe. Wochen später erhielt ich einen Anruf meines Anwalts und er bat mich, zum Gespräch in seinem Büro vorbeizukommen. „Wissen Sie, wer der Polizei einen Hinweis gegeben hat?", fragte er mich. Ich verneinte und er sagte: „Dann setzen sie sich lieber." Er offenbarte mir, dass es meine eigene Mutter gewesen sei. Ich konnte es nicht fassen. Meine Mutter, welche selbst ein Suchtproblem hatte, brachte mich in Bedrängnis. Haschisch zu rauchen, stellte für mich überhaupt kein Problem dar. Aus meiner Sicht war es harmloser, als Alkohol zu trinken. Von daher erschien mir ihr Verhalten völlig absurd.

Sicherlich hatten meine Schwestern auch davon gewusst und niemand hatte mich gewarnt. Von nun an wollte ich mit meiner Familie nichts mehr zu tun haben. Ich beschloss, den Kontakt zu ihr abzubrechen.

Eines Nachts hatte ich einen Alptraum. Mir träumte, dass ich meinen toten Vater im Sarg aus dem Haus trug. Er war an Krebs gestorben. Plötzlich setzte er sich im Sarg auf und sagte zu mir: "Du bist schuld an meinem Tod!" Meine Familie stand um mich herum und zeigte mit dem Finger auf mich. Schweißgebadet wachte ich auf und musste buchstäblich nach Luft ringen. Die Uhr zeigte viertel vor sechs und ich musste zum Dienst auf die Station. Ich stand auf und als ich mir die Zähne vor dem Spiegel putzte, sah ich in ein ensetztes und schmerzverzerrtes Gesicht. Ich zitterte noch am ganzen Leib, griff zum Telefon und entschuldigte mich für diesen Tag vom Dienst wegen Krankheit.

Claudia schlief in der darauf folgenden Nacht bei mir. Sie tröstete mich mal wieder, da ich immer noch unter dem Schock des Alptraumes stand. Da fasste ich den Entschluss, das monatelange Schweigen mit meinen Eltern doch zu brechen und fuhr umgehend zu ihnen, das heißt, ich stellte mich an die Straße und trampte nach Hause. Als ich dort ankam, wollten meine Eltern nicht mit mir reden. Mit großem Geschrei und im Hinblick auf meine Androhung, dass sie mich nie im Leben wiedersehen würden, erreichte ich, dass meine Eltern sich mit mir an einen Tisch setzten.

Ich erzählte ihnen, dass ich seit Monaten nicht mehr gekifft hätte und dass ihre Alkoholsucht der Grund für meine Traurigkeit beim letzten Weihnachtsfest gewesen sei. Für meine Mutter war aber gerade dieses Verhalten auffällig gewesen und so schlussfolgerte sie in ihrem trunkenen Zustand, dass ich wohl Drogen nehmen würde.

Dies war also der Grund, warum sie das einem Polizisten, der in der Nachbarschaft wohnte, erzählt hatte. Er gab ihr daraufhin den Rat, sich vertrauensvoll an die Polizei zu wenden, die dann den Verdacht meiner Mutter aufnahm und eine Anzeige gegen mich erstattete.

Das Ende vom Lied war, dass ich 200 DM an die Anonymen Alkoholiker zahlen musste. Ich ärgerte mich natürlich im Nachhinein darüber, den Konsum von Haschisch überhaupt zugegeben zu haben, denn sonst wäre das ganze Verfahren wahrscheinlich mangels Beweisen eingestellt worden.

Wie eine Ironie des Schicksals, lag später der Leiter der AA-Gruppe (der Anonymen Alkoholiker) im Delirium auf der Intensivstation des Krankenhauses, in dem ich arbeitete. Das alles erschien mir so widersinnig, denn das Kiffen kam mir so viel harmloser vor, als der Alkoholismus mit all den negativen Auswirkungen, der in unserer Gesellschaft so toleriert wurde.

20 Jahre später war ich an der Pflege meines an Krebs erkrankten Vaters in der letzten Woche seines Lebens beteiligt und machte auch die Sterbebegleitung. Ich half dabei, den Leichnam in den Sarg zu legen und hinauszutragen,

wobei in diesem Augenblick die Erinnerung an den Albtraum wieder in mir aufstieg. Das war für mich der Horror pur. Ich funktionierte ab dem Augenblick nur noch und half nur noch mechanisch mit, den Sarg in den Leichenwagen zu heben.

Doch zurück zu meiner Zeit der Ausbildung. Ich war so mit mir selbst beschäftigt, d. h. mit den Problemen, die meine Eltern mit sich brachten, mit meinen Wunschträumen nach einem anderen Leben und mit meinen Fragen nach dem Sinn meines Daseins, dass ich die Beziehung zu Claudia nicht aufrechterhalten konnte, da sie meine Lage nur noch mehr verkomplizierte. Zwar sehnte ich mich nach einer Partnerschaft, doch musste ich erkennen, dass ich zurzeit gar nicht dazu fähig war. Wir besprachen meine Probleme und sie tröstete mich – meine Freundschaft zu ihr war nur einseitig, auf das Nehmen fixiert. Ich verstand aber so viel, dass ich in eine Zweisamkeit auch etwas hineingeben müsse. Doch allein der Gedanke daran, dass jemand an mich Wünsche richtete, überforderte mich schon. Als Claudia dann eine Zusage für das Medizinstudium bekam, zog sie nach Münster und das war dann auch das sang- und klanglose Ende unserer Beziehung.

8. Berlin und Amsterdam

Eines Tages besuchte ich Eddy in Berlin. Er wohnte in einem besetzten Haus in Charlottenburg. Die Szene war cool und verrückt. Alle bürgerlichen Normen waren dort gefallen und man lebte so, wie man wollte. Einer der Bewohner hatte die geistreiche Idee, sein Fenster im Zimmer zu vergrößern und brach kurzerhand die Wand heraus. Man hatte nun einen wunderbaren Panoramablick auf Berlin. Als das Wetter dann umschlug, zog er dann doch aus. Eddy und ich unternahmen einen Spaziergang im Grunewald. Wir hatten kein Haschisch oder ähnliches dabei, um uns anzutörnen, doch fanden wir ein paar wunderschöne Fliegenpilze. Eddy aß einen davon und ich, glaube ich, sogar zwei. Nach einer guten Stunde hetzten wir wie die Tiere durch den Wald und bekamen Paranoia vor den Flugzeugen, deren Lärm nun für uns fast unerträglich wurde. Wir flüchteten, von Angst getrieben. Ich schaffte es irgendwie, auf einen Baum zu klettern, von dem ich alleine nicht mehr herunter zu kommen vermochte. Da ich mich aber irgendwie stark fühlte, sprang ich einfach herunter. Dabei verstauchte ich mir das Knie so sehr, dass ich kaum noch laufen konnte. Auf eine Art und Weise verliehen mir die Pilze aber die Kraft, noch weiter durch den Wald zu laufen. Nach etlichen Stunden, es war mittlerweile Nacht geworden, ließ die Wirkung der Pilze allmählich nach und der Durst trieb uns wieder aus dem Wald. Am nächsten Tag aber fühlte ich mich krank und elend und konnte kaum laufen, da ich ein dick angeschwollenes Knie hatte.

Ein anderes Mal, als ich bei Eddy in Berlin zu Besuch war, ging ich morgens zu Aldi, um einige Sachen für das Frühstück zu kaufen. Ich hatte nur ca. 20 DM mit. Mein Blick fiel auf eine Salami, für die das Geld nicht mehr reichte. Ich ließ sie beim Bezahlen im Wagen und packte sie nicht auf das Band.

Da ich, wie viele Gesinnungsgenossen meiner Zeit, in dem Gefühl lebte, benachteiligt, ausgenutzt und getäuscht worden zu sein, hatten wir daraus die Überzeugung hergeleitet, dass man sowohl Konzerne als auch den Staat und Millionäre mit guten Gewissen beklauen dürfe. Ich würde mir dadurch nur etwas zurücknehmen, was sie mir ja vorher auch geklaut hatten, indem sie zum Beispiel nur einen zu geringen Stundenlohn zahlten, obwohl sie selbst reichlich Gewinn anhäuften oder der Staat einfach die Steuern erhöhte. Somit legte ich die Salami, wie schon erwähnt, nicht auf das Band.

Als ich bezahlt hatte und meine Sachen in einen Karton packen wollte, hielt mich ein türkischer Verkäufer an und bat mich, ihm zu folgen. Ich dachte mir nichts Böses und wollte mich damit herausreden, dass ich die Salami im Einkaufswagen vergessen hätte. Wenige Minuten später stand die Polizei vor mir und verhaftete mich. Sie brachten mich nach Moabit ins Gefängnis, wo ich erkennungsdienstlich erfasst wurde und anschließend bis zum späten Nachmittag in einer Untersuchungszelle schmorte. Ich konnte es kaum fassen und war irritiert. Nie hätte ich gedacht, dass ein Türke, mit dessen Landsleuten ich grundsätzlich sympathisierte, mich verraten würde.

Am späten Nachmittag händigte mir die Polizei die von mir bezahlten Lebensmittel aus und schickte mich weg. Nun stand ich in Moabit ohne einen Pfennig und war gezwungen, schwarz mit der U-Bahn zurück nach Charlottenburg zu fahren in der Hoffnung, nicht dabei erwischt zu werden, was mir nun wahrscheinlich mindestens zusätzlich noch eine Nacht im Knast eingebracht hätte. Eddy staunte nicht schlecht, als ich am frühen Abend dann vor der Tür stand mit dem Frühstück unterm Arm, aber ohne Salami! Diese sollte mich noch 200 DM kosten. Das Gericht verhängte später ein Bußgeld gegen mich und verzichtete damit auf eine Verhandlung, bei der ich persönlich hätte antreten müssen. Somit hatte ich Glück, dass ich nicht vorbestraft war. Das hätte nämlich das Ende meiner Ausbildung bedeuten können. Die abschreckende Wirkung kann ich hier wahrhaftig nicht verleugnen.

Eines Tages erzählte mir Eddy dann, dass er nach Indien fliegen wolle. Da ich aber noch in der Ausbildung war, konnte ich nicht mitreisen. Als er dann nach einigen Monaten aus Sri Lanka zurückkam, war ich sehr beeindruckt von dem, was er mitbrachte. Besonders angetan hatte es mir vor allem die Musik! Er hatte in der Zeit dort gelernt, auf der Sitar* zu spielen. Das Gegenstück dazu waren die Tablas*. Wir beschlossen, kurzerhand nach Amsterdam zu fahren, um mir auch solche Instrumente zu kaufen. Gleichzeitig war das auch eine gute Gelegenheit, dort das berühmte Melk Way kennenzulernen. Also fuhren wir per Anhalter nach Amsterdam und quartierten uns im Sleep Inn ein. Wir fanden dann auch ein Musikgeschäft, wo wir die Instrumente kauften. Den ersten Abend verbrachten wir im Melk Way. Dort gab es

*Sitar: indisches Saiteninstrument
*Tabla: indische Trommel

jede Menge Bühnen und Diskos mit verrückter Musik und Theaterprogrammen, auch ein alternatives Kino, in dem Filme gezeigt wurden, die man im kommerziellen Bereich nicht so schnell zu sehen bekam. Doch der Höhepunkt war das Angebot an Haschisch und Marihuana mit den dazugehörigen Rauchgeräten. Und das auch noch legal! Holland war einfach das Haschisch-Mekka in Europa!

Am nächsten Tag machten wir noch einen Trip mit dem Zug nach Schiphol ans Meer. Wir hatten genug zu rauchen und zu trinken dabei. Doch es war Januar und saukalt. Dennoch verbrachten wir die Nacht in den Dünen. Wir kifften, was das Zeug hielt und machten zwischendurch Musik. Es war romantisch, aber wie gesagt, froren wir uns einen Ast ab und waren froh, als irgendwann endlich die Nacht vorbei war.

Verfroren und übernächtigt machten wir uns wieder auf den Heimweg. Wir nahmen jeder ein winziges Stück Haschisch mit nach Deutschland, verwahrten es im Mund mit Zittern und schluckten es letztendlich doch an der Grenze aus Angst. Der Kick, den wir hinterher davon bekamen, war heftig, jedoch ganz nach unserem Geschmack.

Nach eineinhalb Jahren Ausbildung musste auch ich zur Musterung erscheinen. Es war, wie gesagt, sehr schwer, als Kriegsdienstverweigerer anerkannt zu werden. Nichts widerstrebte mir mehr, als mir die Haare kurz zu schneiden und mich bei der Bundeswehr in Uniform sinnlos herumkommandieren zu lassen. Folglich verweigerte ich bei der Musterung den Wehrdienst. In der alternativen Szene gab es einschlägige Tipps, wie man am besten durch das Anerkennungsverfahren (es glich einem Gerichtsverfahren) durchkommen konnte.

Einige Wochen später, auf einem ausgiebigen Waldspaziergang, fasste ich den Entschluss, meine Ausbildung hinzuschmeißen. Was bei meiner Verhandlung als Wehrdienstverweigerer herauskommen würde, wusste ich zu diesem Zeitpunkt noch nicht, aber es war mir sowieso egal. Ich konnte mir auch nicht vorstellen, nach der Ausbildung noch einmal 18 Monate Zivildienst abzuleisten. Ich wollte einfach weglaufen, wollte mit dem System brechen und nun endlich nach Indien auswandern. Ich hatte einige tausend DM gespart und dachte, das Geld würde reichen, um den Schritt zu wagen.

Beim späten Frühstück machte ich mir Gedanken, wie ich meine Absicht in der Personalabteilung vorbringen würde. Ich wollte meine Kündigung noch vor dem Dienst am Mittag aussprechen. Plötzlich wurde ich durch das Läuten des Telefons aus meinen Gedanken gerissen. Am anderen Ende war der Leiter des Personalbüros. Er bestellte mich zu sich ins Büro, weil er etwas mit mir zu besprechen habe. „Das trifft sich gut!", antwortete ich, „ich wollte sowieso noch bei Ihnen vorbeikommen mit einem Anliegen!" Ich zerbrach mir den Kopf darüber, was er wohl von mir wollte, kam aber der Sache nicht auf die Spur. Hatten die irgendwie von meinen Plänen Wind bekommen?

Ich klopfte an die Tür des Personalbüros und konnte das „Herein" kaum hören, da mein Herz so stark klopfte.

„Setzen Sie sich doch, Herr Hellmann! Was kann ich für Sie tun?" „ Ach, sagen Sie zuerst, was Ihr Anliegen ist!", entgegnete ich. „Also", informierte er mich, „wir haben vom Paritätischen Wohlfahrtsverband gehört, dass Sie anerkannter Wehrdienstverweigerer sind und wollten Ihnen, auf deren Anregung hin, das Angebot unterbreiten, dass Sie in den nächsten 18 Monaten Ihrer Ausbildung Ihren Zivildienst bei uns ableisten können. Die Ausbildung würde in dem Fall weiterlaufen, allerdings bekommen Sie dann keine Ausbildungsvergütung mehr, sondern nur ein, dem Wehrsold entsprechendes, Zivildienstgehalt."

„Prima", entgegnete ich. „Das hört sich ja echt gut an." Ich stand auf und wollte gehen, wobei der Personalchef noch fragte: „Und was war Ihr Anliegen?" „Och, das hat sich erledigt", antwortete ich, grinste ihn an und ging zur Tür hinaus. Auf dem Gang machte ich Luftsprünge. Das Schicksal meinte es gut mit mir. Was der Paritätische Wohlfahrtsverband ist, wusste ich damals noch nicht und auch nicht, was ich jemals mit diesem zu tun haben sollte. Aber der Vorschlag kam mir wie gerufen und somit machte ich meine Ausbildung zu Ende und gleichzeitig auch meinen Zivildienst.

In der Zwischenzeit widmete ich mich dennoch weiterhin dem Gedanken, auszusteigen. Die Alkoholproblematik meiner Eltern nahm zu und mein Vater war währenddessen berentet worden. Im Grunde genommen hatte ich meine Familie abgeschrieben, ich wollte nur noch weg.

9. Stodiks Hof

Als ich während meiner Ausbildungszeit wieder einmal per Anhalter von Bielefeld nach Halle fuhr, lernte ich Nils kennen. Er nahm mich in seinem grünen Audi 80 mit, einem Geschenk seiner Mutter. Ich freute mich, als er mir erzählte, dass er mit anderen Leuten einen alten Bauernhof bewohnte, den sie Stodiks Hof nannten. Er lud mich ein, ihn dort einmal zu besuchen, was ich auch bald tat. Schnell schloss ich mit den Bewohnern Freundschaft und der Stodiks Hof wurde meine zweite Heimat.

Ich freute mich, wenn ich an einem Tag im Krankenhaus Frühdienst und am nächsten Spätdienst hatte. Dann zog ich mir nach Frühschichtende das Gummi aus den Haaren, schwang mich auf „mein" Fahrrad, das ich mir einige Wochen vorher gestohlen hatte, und trampelte zum Stodiks Hof. Hier herrschten genau das Gegenteil von Ordnung, Sauberkeit und Sterilität. Es gab kein Mobbing, keine Ausgrenzungen, sondern da waren herzliche Beziehungen untereinander, bei denen es aber auch deftig zugehen konnte. Dinge wurden halt direkt und unverblümt angesprochen. Hier fühlte ich mich wohl und konnte so leben, wir es mir gefiel.

Nicht selten war ich es, der Lebensmittel einkaufte, da ich zeitweise der einzige auf dem Hof war, der arbeitete und somit relativ flüssig bei Kasse. Hin und wieder füllte ich den Kühlschrank, wenn mal wieder alles in der Wohngemeinschaft aufgegessen war. Das machte ich auch gerne, stellten meine Freunde mir ja ihre Behausung als zweite Heimat oder Zufluchtsort zur Verfügung, wofür ich sehr dankbar war.

Auch hier auf dem Stodiks Hof lebte ich mein Doppelleben aus. Auf der einen Seite gab es also das Krankenhaus, wo ich viel Leistung erbringen musste, und auf der anderen Seite lebte ich ein disziplinloses Leben auf der Suche nach Sinn. Nach Feierabend wurde als erstes ein Joint gebaut und geraucht. Wir hörten Musik oder machten selbst welche, wobei ich häufig die Trommeln spielte. Wir wollten einfach locker leben. Das war das Leben, das ich gesucht hatte und wonach ich mich sehnte. Ein entspanntes Leben, nicht im Stress, ohne Anspruch, Forderung und Leistung. Ich merkte, in dieser Gruppe von Leuten konnte ich so sein, wie ich war.

Wir diskutierten stunden- und nächtelang über Fragen, die für uns lebensrelevant waren wie: Was für Lebensformen es außerhalb der Erde gäbe, wie man die Erleuchtung haben könne, was die beste Lebensform sei, wo diese gelebt würde und was der Sinn des Lebens sei ... Damit besprachen wir die wesentlichen Fragen des Leben und beschäftigten uns zusätzlich mit Esoterik und fernöstliche Religion, Tarot Karten, Astrologie, I-Ging und so weiter. Im Familien- und im Arbeitsleben schien es für diese Themen keinen Raum zu geben. Wir tranken literweise Tee und rauchten natürlich nicht nur Tabak, sondern auch gerne Marihuana oder Haschisch.

Die Rolle von Nils war besonders. Er war so etwas wie der Gandalf* in dem Kreis der Gefährten. Er kiffte nicht und hatte immer einen klaren Kopf. Er konnte gut zuhören und berechnete für uns die Horoskope. Mir tat es unglaublich

*Eine Hauptfigur aus „Der Herr der Ringe" von J.R.R. Tolkien

gut, mich mit ihm zu unterhalten, wobei meistens ich es war, der redete. Ich spürte, dass ich an mir arbeiten musste und wollte. Ich wusste, dass das Leben aus mehr bestand als aus Essen, Arbeiten und Schlafen. Jeder schaffte sich selbst sein Karma. Aber wo sollte ich anfangen mit der Suche nach mir selbst? Wer war ich? Was war mein Auftrag in dieser Welt? Spielte ich überhaupt für irgendjemanden eine Rolle? Jeder in der Gemeinschaft hatte einen anderen Ansatz und ich spürte, dass ich meinen eigenen suchen musste. Aber wo und wie? Die Gesellschaft gab mir keine befriedigende Antwort. Der esoterische Markt war riesig. Ich befand mich in einem Meer von Spiritualität, in dem ich mir verloren vorkam, wie in einem kleinen Boot ohne Navigation, jeder Laune der Natur ausgeliefert. Ich war verwirrt, dadurch offen für alles und hatte Interesse an allem, was Lebenshilfe versprach und spirituelle Erfahrungen brachte. Letztendlich versuchte ich, sozusagen nach den Sternen zu greifen, was für mich die Beschäftigung mit der Astrologie war.

Mehrere meiner neuen Freunde auf dem Stodiks Hof waren schon in Indien gewesen, und alle hatten so ein gewisses Flair, das mich magisch anzog. Zudem hatten diese Leute eine Reife in ihrer Persönlichkeit, die mir sehr gefiel. Sie hatten in gewisser Weise etwas Erhabenes an sich. Erhaben über die Gesellschaft, in der Lage, deren Vorteile zu nutzen, sich aber nicht von ihr kontrollieren zu lassen. Wir waren gegen dieses gesellschaftliche System eingestellt und hatten Ideale, die wir versuchten auszuleben. Einige dieser Ideale, die ich vertrat, waren Freiheit und Unabhängigkeit. Und davon so viel wie möglich. Auf keinen Fall wollte ich so ein Spießer werden, oder so ein

„Dumm-Bürger". Für mich war es erstrebenswert, keine Schulden zu machen, um nicht in die Abhängigkeit von diesem System zu geraten. Ich fand heraus, dass man frei ist, wenn man entweder ganz viel Geld hatte oder lernte, mit ganz wenig auszukommen. Für mich war klar: Zu viel Geld würde ich es nicht bringen, da fehlte mir einfach die Basis, das Know-how, der Ehrgeiz oder die kriminelle Energie. Ich redete mir ein, dass viel Geld sowieso nicht glücklich mache und konzentrierte mich auf das, was ich gelernt hatte, nämlich ohne Geld auszukommen bzw. mit wenig zu leben.

In den Ferien reiste ich durch Europa, und wie schon erwähnt, bevorzugt durch Griechenland. Da ich fast immer per Anhalter unterwegs war und mich spartanisch von Müsli, Brot und Käse ernährte, konnte ich solche Reisen mit nur ein paar hundert Mark finanzieren. Einen Führerschein machte ich ja aus Prinzip nicht, um dem System meine Unabhängigkeit zu demonstrieren. Ich schaffte es, die Strecke von Bielefeld nach Athen oder Palermo per Anhalter in zweieinhalb Tagen zurückzulegen. Natürlich mit so gut wie keinem Schlaf! Das steckte ich damals locker weg.

10. Der Ausstieg

Ich beendete die Ausbildung zum Krankenpfleger mit „Ach und Krach". Die letzten Monate vor dem Examen klinkte ich mich in die Lerngruppen meiner Kursteilnehmer ein und versuchte so viel wie möglich von dem Stoff in mein Kurzzeitgedächtnis zu hämmern. Der Chefarzt gab mir dann in der Abschlussnote eine Vier. Nach meinen Berechnungen hatte ich es aber tatsächlich auf einen Schnitt von Zwei bis Drei gebracht. Ich legte Widerspruch gegen die Note ein. Das gesamte Prüfungskomitee, auch der Direktor des Regierungsbezirkes Detmold, musste sich extra deshalb treffen. Die Note musste geändert werden und ich bekam eine Drei. Genau genommen hätten sie mir sogar eine Zwei geben können, aber soweit wollten sie dann doch nicht gehen.

Ich arbeitete nach meiner Ausbildung noch für ein halbes Jahr im Altersheim, um Geld zu sparen. Der Leiter lud mich eines Tages bei sich zuhause ein und offenbarte mir, dass er mir in ein paar Jahren die Leitung des Heimes in Aussicht stellen würde. Was er nicht ahnen konnte war, dass dies für mich der Startschuss für meinen Ausstieg war. Jetzt wusste ich, dass ich es mit dieser Gesellschaft aufnehmen konnte, und genau das wollte ich mir unbedingt beweisen. Ich kündigte die Arbeit und zog auf den Stodiks Hof.

Hier meldete ich mich arbeitslos und beschloss, für einige Zeit nach Kreta zu reisen. Dort bezog ich wieder meine Baumhöhle auf dem Hügel oberhalb von Komo Beach. Ich hatte meine mir so wichtig gewordenen Bücher von Hermann Hesse und Eichendorffs „Taugenichts" mitgenommen und genoss die Freiheit. Ich lebte genau das, was ich beim Lesen verspürte – Freiheit und Unabhängigkeit.

Doch noch ehe ich den Genuss dieses Zustandes richtig auskosten konnte, erreichte mich bei einem Anruf die Nachricht vom Stodiks Hof: „Du hast einen Vorstellungstermin beim Arbeitsamt. Du musst sofort zurückkommen." Das hat mir natürlich gestunken. Normalerweise konnte man sich zu dieser Zeit noch telefonisch beim Arbeitsamt melden und Dinge klären. Sollte dennoch mein persönliches Erscheinen angeordnet werden, so hatte ich im Vorfeld eine von mir unterschriebene Entschuldigung zurückgelassen mit dem Hinweis, dass ich einen kranken Onkel in Hamburg pflegen würde, den es natürlich nicht gab. Doch dieses Mal schienen alle Tricks nicht weiterzuhelfen, mein persönliches Erscheinen war unabdingbar und mir drohte die Einstellung der Zahlung des Arbeitslosengeldes. So machte ich mich auf den Rückweg und erwischte die nächste Fähre nach Piräus.

Von dort sollte es kein Problem sein, per Anhalter in zweieinhalb Tagen nach Bielefeld zu trampen. Das war der Zeitrahmen, in dem ich die Strecke nun schon des Öfteren zurückgelegt hatte. Also blieben mir ja immerhin noch vier Tage bis zu dem Termin. Doch dieses Mal kam alles anders. Nach drei Tagen war ich noch nicht einmal an der griechisch – jugoslawischen Grenze. Der letzteLift, besser gesagt die letzte Etappe, ging bis circa 20 Kilometer vor der Grenze und von dort musste ich stundenlang laufen, ohne dass ein Auto anhielt.

Völlig müde und erschöpft, hungrig und durstig, erreichte ich schließlich gegen Abend die Grenze. Als ich sie passiert hatte, begab ich mich zu dem circa 200 Meter entfernten Kiosk, der natürlich geschlossen hatte! Zwei Plastiktische standen davor mit entsprechenden Stühlen, auf einem davon saß ein kahlgeschorener Typ und grüßte mich mit: „Hello!" Sein Akzent war englisch. „Hello", antwortete ich. In der Tat kam John aus England. „Ich habe dich schon vor zwei Stunden laufen sehen. Viel Verkehr ist heute nicht mehr und es sieht so aus, als ob wir hier übernachten müssen." Offensichtlich war auch er per Anhalter unterwegs. „Hast du Hunger?" fragte er mich und zog mehrere Semmel mit Schnitzel belegt aus seiner kleinen Umhängetasche, die nicht größer war als meine aus dem Bundeswehrladen in Hildesheim. Seine war hellrosa, und von der Sonne ausgebleicht. Ansonsten hatte er im Gegensatz zu mir kein weiteres Gepäck dabei, was ich mir gar nicht erklären konnte. John trug eine Pluderhose und ein ärmelloses Hemd, ebenso rosa und ausgebleicht wie seine Tasche.

„Die Semmel haben mir die Leute gegeben, die mich zuletzt mitgenommen haben", sagte John, während ich die Schnitzel heißhungrig verschlang. „Das erste, was ich seit einigen Tagen esse", erwiderte ich. In der Tat hatte ich keine Gelegenheit gehabt, während meiner Abfahrt aus Athen an irgendetwas Essbares zu kommen. Plötzlich, ich traute meinen Augen nicht, zog John noch einen Beutel Tabak aus der Tasche und fing an, einen Joint zu bauen. Von einer daumendicken schwarzen Wurst schnitt er mit einem kleinen Messer ein Stück ab und bröselte es in den Tabak „Schwarzer Afghane, Direktimport", sagte er erklärend, als er meine gierigen und erstaunten Blicke sah. „Der Typ ist cool", dachte ich.

John erzählte mir, dass er gerade aus Pakistan per Anhalter käme. Das Tattoo an seinem linken Oberarm stellte einen fauchenden, schwarzen Panter dar, der ziemlich angsteinflößend war. „Zeigt das eine Bedrohung an, die von John ausgeht?" Ich ignorierte diesen Gedanken und freute mich auf die Wirkung des Schwarzen Afghanen. So ein Glück, dachte ich, nun werde ich doch für das Pech der letzten Tage entschädigt und rauchte den mir angebotenen Joint. Das Schicksal, oder mein Karma, meinten es doch gut mit mir.

In meinem Kopf drehte sich alles. Lange konnte ich nicht einschlafen und noch weniger gelang es mir, auch nur einen klaren Gedanken zu fassen. Das Haschisch war viel zu stark für mich. Da ich schon lange nichts mehr geraucht hatte, war ich auch nichts mehr gewohnt. Ganz davon abgesehen, dass dieses Zeug wahrscheinlich das beste Haschisch war, das ich jemals konsumiert hatte. Ich dachte an Eddy, schade, dass er nicht dabei war.

Am nächsten Morgen trampten wir weiter. Ich glaube, es war in Skopje, wo wir uns entschlossen, mit dem Zug weiterzufahren. Ich gab vor, kein Geld mehr zu haben, obwohl ich noch eine eiserne Reserve von 100 DM bei mir trug. Doch diese waren nur für den absoluten Notfall gedacht und so verschwieg ich das. Ich sollte John noch besser kennenlernen. Irgendwie war es reizvoll mit ihm, doch war ich innerlich gleichzeitig sehr beunruhigt.

„Was ist das nur für ein Typ", fragte ich mich mehrfach. Ich konnte ihn nicht einordnen. „Wie sollten wir mit dem Zug fahren, ohne dass wir Geld hatten? Hatte er bemerkt, dass ich doch noch Geld bei mir hatte?" John hatte mir in der Zwischenzeit erzählt, dass er ebenfalls, wie ich, ein Lebenskünstler sei, und dass er gerade ohne Geld aus Pakistan käme – und immerhin alles per Anhalter. Er war wirklich eine ganze Ecke radikaler als ich und ich ahnte, dass ich hier einen Meister im Schnorren, einen wahren Könner, vor mir hatte. Wir verstanden uns ganz gut. Das Sonderbare an John faszinierte mich und dennoch witterte ich eine Gefahr, die von ihm auszugehen schien. Doch die Bedrohung, konnte ich nicht deuten.

John bat mich, an einem Platz in der Nähe des Bahnhofs zu warten, er wolle kurz die Tickets für die Bahn besorgen. Keine halbe Stunde später kam er mit etwas zu essen und zwei Zugtickets wieder. Er hatte innerhalb kürzester Zeit das Geld von Passanten geschnorrt, und das in einem kommunistischen Land.

„Respekt", dachte ich, „Er besorgt Geld so schnell, wie jemand anders sein Bier aus dem Keller holt". Er symbolisierte für mich die Art von Freiheit, nach der ich mich sehnte. Ohne Ballast, frei von allen gesellschaftlichen Zwängen. Wie schaffte man es, mit so kleinem Gepäck zwischen Asien und Europa herumzureisen? Gerade einmal eine Umhängtasche. Für mich war John jemand, der es schon weit gebracht hatte auf dem Weg der Askese. Das Geheimnis allerdings, das John mit sich herumtrug, war sicherlich wesentlich größer. Wie viel Haschisch er bei sich haben mochte? Gewiss mehr als das eine Stück, das ich zu Gesicht bekommen hatte.

„Das Arbeitsamt!", schoss es mir plötzlich durch den Kopf. „Das kann ich mir jetzt auch knicken. Den Termin habe ich verpasst und die Zahlung haben sie wahrscheinlich sowieso schon eingestellt."

Wir fuhren dann weiter nach Österreich, von wo uns ein Mädel mit ihrem Auto mitnahm. Sie hieß Angelika, sie war wirklich wie ein Engel für uns und fuhr direkt nach München. Da wir in der Nacht dort ankamen, bot sie uns an, bei ihr zu übernachten. Das Angebot nahmen wir natürlich gerne an. Noch in der selben Nacht lag John mit ihr im Bett und ich schlief auf einer Matratze im Wohnzimmer.

Wir blieben noch einige Tage in München und ich entschloss mich schließlich, doch zum Stodiks Hof zu fahren, um einige persönliche Sachen zu erledigen.

Auf dem Hof hatte sich nicht viel verändert. Nils war weiterhin mit Astrologie beschäftigt, Arndt versuchte immer noch, sich mit Tierhaltung und mit dem Traum von einem Bio-Hof auseinanderzusetzen, und Frank malte und machte Musik. Piet und Christel, das einzige funktionierende Paar, waren mit ihrem Studium beschäftigt.

Die Nacht schlief ich in einer ungemütlichen, leeren Kammer auf einer Matratze auf dem Fußboden. Am nächsten Morgen, ich saß mit den anderen beim Frühstück, machte eine Mitbewohnerin plötzlich ein Theater wegen der Marmelade (diese war übrigens wirklich sehr lecker), welche sie sich mitgebracht hatte und welche ich ohne zu fragen genommen hatte. Der Streit eskalierte so sehr, dass ich mir dachte: Ihr könnt mich mal! Da Nils an diesem Morgen nach München fuhr, um sein Astrostudium fortzusetzen, fuhr ich geradewegs mit ihm dorthin zurück. Als wir bei Angelika ankamen, war diese ziemlich aufgelöst, das heißt sichtlich frustriert. John hatte angefangen, sich total merkwürdig zu verhalten, nachdem ich weggefahren war. Er war anklagend geworden und stritt mit Angelika, so dass sie ihn letztendlich vor die Tür setzte.

Angelika und ich überlegten, was wir nun tun könnten. Der Gedanke, auf ein Rockfestival nach Glastonbury in England zu fahren, beschäftigte uns und schließlich machten wir uns per Anhalter auf den Weg dorthin. Angelika und ich saßen in einem Truck, als wir durch Belgien fuhren, und es war schon gegen Abend, da sahen wir plötzlich, unverkennbar, John an der Straße entlang laufen. Wir hatten beide Mitleid mit ihm und sahen ihm im Vorbeifahren nach.

Mit der Fähre wollten wir weiter nach England übersetzten. Ich schaffte es, ohne Geld auf die Fähre zu kommen. Unser erstes Ziel war London. Wir suchten eine Adresse auf, welche wir schon in München von John erhalten hatten, und landeten in einem besetzten Haus. John sollten wir dort noch einmal begegnen. Doch war er so merkwürdig drauf, dass wir mit ihm nichts mehr anfangen konnten. Außerdem war da wieder dieses undefinierbare Unheimliche, Mystische und Bedrohliche, das von ihm ausging. Wir trennten uns wieder von ihm und fuhren nach Glastonbury aufs Festival, wo ich Angelika aus den Augen verlor.

11. Talley the Valley

Orientierungslos lief ich über das Festivalgelände. Es regnete in Strömen, „It was raining cats and dogs!" – diese Ausdrucksweise der Engländer habe ich nicht mehr vergessen – und ich war müde und durchnässt. Plötzlich stand ich vor einem großen Tipi. Wilde Trommelklänge kamen aus dem Zelt und ich wagte mich dort hinein. Da saßen ca. 30 Indianerfreaks auf Decken und Schaffellen um ein Feuer herum, einige rauchten, andere verteilten etwas zu essen und wieder andere trommelten ekstatisch. Die Atmosphäre hatte etwas Warmes und Mystisches. Es erinnerte mich an die Beschreibung der Drogenerlebnisse des Carlos Castaneda*, einem „Drogenguru", der an eine Selbstverwirklichung durch psychedelische Drogen glaubte.

Ich war auf der Suche nach Selbstverwirklichung, war überzeugt, sie durch Spiritismus und psychedelische Drogen erlangen zu können. So konsumierte ich eine ganze Woche lang Psylocybin, sogenannte Magic Mushrooms.

Im Tipi lernte ich auch Piet kennen. Er kam aus Wales und war mit Indianerfreaks befreundet. Piet hatte rotgelockte Haare und viele Sommersprossen. Er erzählte mir von einer anderen Tipigemeinschaft in Wales und davon, dass

*Er war ein US-amerikanischer Anthropologe und Schriftsteller brasilianischer und peruanischer Abstammung. In den 1970-er und -80-er Jahren erlangten seine Bücher internationale Popularität. Darin berichtete er, was er im Rahmen seiner Studien über die Indianer Mexikos und deren Gebrauch von Heilkräutern und Heiligen Kakteen erfahren hatte und von denen er eine Sichtweise von der Wirklichkeit (separate reality) mit Hilfe bewusstseinserweiternder natürlicher Drogen gelernt habe, die seinen bisherigen wissenschaftlichen und religiösen Welterklärungsmodellen widersprach. Der psychedelische Drogenrausch stellt einen Zustand vollständig erhaltenen Wachbewusstseins bei einem gehirnweit umorganisierten und gelockerten Denken dar.

er in der Nähe dieser Kommune auf einem Bauernhof lebe. Seine Frau hatte ihn verlassen und war vor einiger Zeit mit den Kindern auch in ein Tipi umgezogen, lebte aber nicht in der Kommune. Nun war Piet dabei, seinen Hof aufzulösen und zu verkaufen. Die Landwirtschaft hatte er eingestellt und in den nächsten Wochen sollte es auf dem Hof eine Auktion geben, bei der der Rest an Geräten und Maschinen verkauft werden sollte. Piet lud mich ein, mit ihm nach Hause zu kommen.

Als ich in Wales ankam, brachte mich Piet in das sogenannte Hippie Valley. Die Leute vom Festival traf ich dort wieder. Sie hatten das Große Tipi, welches sie liebevoll „Big Lodge" nannten, dort schon wieder aufgebaut. Der Boden war sorgfältig mit frischem Sumpfgras bedeckt, das spiralförmig, wie Schindeln überlappend, auf dem Boden ausgelegt wurde. Darüber kamen Decken und Felle. In der Mitte befand sich wieder eine große Feuerstelle. Dies sollte für die nächsten Wochen meine Wohnstätte werden. Ich durfte umsonst in der „Big Lodge" wohnen. Als Gegenleistung übte ich mich in der Gastfreundschaft. Meine Aufgabe war es, mich um Übernachtungsgäste zu kümmern und das Tipi in Ordnung zu halten. Manchmal kochte ich für ca. 50 Personen in einem großen Kessel über dem offenen Feuer. Jeden Tag brachten die anderen Bewohner des Tals Lebensmittel vorbei. Besonders viel gab es immer am Samstag. Ein Gemüsehändler spendete der Gemeinschaft die Reste, die er vom Markttag übrig hatte. Das große Tipi war so etwas wie die Dorfkneipe. Jeden Abend waren auch andere Bewohner aus dem Tal da. Wir kochten gemeinsam, machten Musik und rauchten natürlich jede Menge selbstangebautes Marihuana.

Im Tal standen noch ca. 15 weitere Tipis, welche wesentlich kleiner waren als die „Big Lodge". Es gab auch einige wenige Familien, die in einem Tipi zu vier oder zu fünf Personen wohnten. Andere Tipis waren von Einzelpersonen bewohnt. Ich freundete mich mit einem etwa 20 Jahre älteren ehemaligen Priester namens Greg an. Er war sehr belesen und hatte mehrere Truhen mit Büchern in seinem Tipi. Er war im Gefängnis gewesen wegen Drogenbesitz. Da er sich als Priester öffentlich für die Legalisierung von Cannabis einsetzte, wurde er von seiner Kirche exkommuniziert.

Oberhalb des Tales lebte eine ganze Anzahl von Leuten in Wohnwagen. Das war eine andere Spezies von Freaks. Sie waren wesentlich härter drauf. Sie besaßen Waffen und etliche konsumierten Alkohol und einige auch Heroin. Die „Indianer" lebten zwar einigermaßen friedlich mit ihnen zusammen, doch gingen die Interessen stark auseinander.

Ca. einmal die Woche gab es jedoch ein großes Fest, bei dem fast alle zusammenkamen. Da wurde den ganzen Tag die Schwitzhütte aufgebaut und eingeheizt. Dazu wurde ein großes Feuer angezündet. In das Feuer wurden schwere Steine gelegt, welche sich in der roten Glut erhitzten. Diese Steine wurden dann in ein aus Fellen gebautes Iglu gebracht. Ungefähr 15 Personen hockten dort im Stockfinstern in einem Kreis nackt nebeneinander. Ab und zu wurde Wasser über die glühenden Steine geschüttet. Manchmal hielt ich die Hitze kaum aus, traute mich aber nicht aus der Hütte heraus, da man über etliche Leiber drübersteigen musste. Das war auch nicht so einfach, zumal man versehentlich auf die heißen Steine treten konnte. Da Männer und Frauen zusammen in der sogenannten „Sweatlodge" saßen, kam es natürlich auch zu sexuellen Handlungen, über welche ich mich aber hier gerne ausschweigen möchte.

Es gehörte hier auch zu meiner Aufgabe, Feuerholz zu sammeln und zu hacken, und es war nicht leicht, trockenes Holz im Wald zu finden. Für die „Big Lodge" brauchte ich viel davon. Einmal wollte ich einen dünneren Ast spalten, um Kleinholz zum Feueranzünden zu erhalten. Dabei haute ich mir mit dem Beil in den linken Zeigefinger. Die Axt kam auf der andern Seite wieder heraus. Ich wurde ins Krankenhaus gebracht, und der Finger wurde genäht. Das Beil hatte zum Glück den Knochen verfehlt. Als ich wieder im Tipi lag, ergriff mich eine innere Unruhe, ein Umhergetriebensein und raubte mir den inneren Frieden. Ich war sehr deprimiert, da ich spürte, dass auch dieser Ort nur ein vorrübergehender für mich war und ich Sehnsucht nach einem dauerhaften Zuhause hatte, das ich bisher nicht hatte finden können. Hinzu kam, dass die äußere Atmosphäre zu meiner innerlichen Stimmung passte. Es regnete wieder einmal und ich bekam Fieber.

Durch den Eingang des Tipis konnte ich auf die Hügel des Tals schauen. Plötzlich sah ich eine schwarze Gestalt mit einer Sense über den Kamm laufen. Ich bekam Panik und die Deutung fiel mir nicht schwer. Ich hatte den Sensenmann, von dem ich sonst immer nur gehört hatte, leibhaftig gesehen. Nein, das war kein Sehen im Fieberwahn, das war Realität. Das Blut gefror mir in den Adern. Hier wollte ich nicht bleiben. Als ich wieder genesen war, verabschiedete ich mich von der Kommune und von Piet. Ich wollte wieder nach Hause. Aber wo war das? So fuhr ich erst einmal zum Stodiks Hof.

12. Magic Bus, Kreta, Komo Beach

Ich war gespannt, was mich auf Stodiks Hof erwarten würde. Trotz der letzten Pleite war es doch immer wieder spannend, die Leute zu treffen, für die ich ja noch eine Menge empfand. Schließlich waren sie so etwas wie meine Familie.

Ich war finanziell völlig abgebrannt und ging mit wenig Hoffnung zu meiner Bank, um den Kontostand zu erfragen. Als ich den Auszug in der Hand hielt, setzte ich mich glatt auf den Boden. Das Arbeitsamt hatte mir für ein halbes Jahr das Arbeitslosengeld überwiesen, obwohl ich mich nicht gemeldet hatte. Sofort kontaktierte ich Eddy und sagte ihm: „Ich bin soweit. Ich mach` den Indientrip."

Eddy war sogleich dabei. Umgehend checkten wir alles und trafen die Reisevorbereitungen. Visa beantragen, Schutzimpfungen machen lassen und vor allem die Zähne in Ordnung bringen lassen. Zahnschmerzen in Indien haben in der Regel einen Zahnverlust zur Folge. Ich ließ mir drei Weisheitszähne ziehen, die sowieso anfingen, Probleme zu machen. Zu guter Letzt nahm ich mir noch drei Bücher mit, ein Yoga Buch, Hesses Steppenwolf und ein Buch von Carlos Castaneda.

Dann fuhren wir nach Amsterdam, wo Eddy und ich meinen 22. Geburtstag feierten. Da die Flugtickets von Athen aus billiger waren, buchten wir die Fahrt dorthin mit dem „Magic Bus". Die Fahrt dauerte zwei Tage, der Bus fuhr nonstop. Allerdings durfte er nicht durch Deutschland fahren, da er nicht die TÜV- Bestimmungen erfüllte. Somit war die Fahrt halt ein wenig länger. Einmal war der

Fahrer so müde, dass er einschlief. Zum Glück merkte es jemand rechtzeitig und konnte ihn wachschreien. Von da an hielt immer jemand von den Passagieren Wache.

In Athen angekommen, kauften wir Flugtickets mit einem Abflugtermin für vier Wochen später, um uns erst noch in Kreta akklimatisieren zu können. Bangladesch Airline hatte die günstigsten Preise. Eddy buchte den Hin- und Rückflug. Er wollte nach drei Monaten wieder zurück. Ich dagegen buchte nur den Hinflug, denn ich hatte mir vorgenommen, mindestens zwei Jahre in Asien zu bleiben. Ich wollte nicht eher zurückkommen, bis ich mich selbst oder auch den Sinn meines Lebens gefunden hätte.

Mit der Fähre fuhren wir wieder von Piräus nach Kreta. In Heraklion nahmen wir den Bus nach Pitsidia und setzten von dort unseren Fußmarsch zum Komo Beach fort. Unser Wacholderbaum, der sich wie eine Höhle formte, war frei und somit schlugen wir da wieder unser Lager auf.

Eddy und ich beschlossen, etwas für unsere Kondition zu tun und den Berg „Os Idi" gemeinsam zu besteigen. Es fand sich noch ein anderer Freak, der ebenfalls mit uns kam. Es war schon später Vormittag, als wir am letzten Bergdorf ankamen und den Aufstieg wagten. Der war am Anfang noch recht gemächlich. Wir folgten einem Eselspfad durch die Olivenhaine. Der Berg wurde, wie es Berge nun mal an sich haben, immer steiler und irgendwann befanden wir uns nur noch zwischen dornigem Gestrüpp. Wir hatten den Weg verloren, wussten aber, dass wir immer weiter nach oben mussten. Schon zwei Mal hatte ich den Aufstieg in der Vergangenheit abgebrochen. Einmal war ich alleine und ein anderes Mal mit Eddy unterwegs gewesen. Bei dieser Gelegenheit wollte ich nun unbedingt den Gipfel erreichen, auch als gutes Omen für unsere Indienreise. Die Route, die wir gewählt hatten, war sehr steil und wir kamen nur mühsam vorwärts. Es fing schon an, dunkel zu werden, und so war es für uns unmöglich, das zu schaffen. Aber auch für den Abstieg war es mittlerweile zu spät.

Dummerweise war uns noch das Wasser ausgegangen und zu essen hatten wir auch nichts mehr dabei, außer einigen Zitronen, die wir auf dem Weg von einem Baum gepflückt hatten. So blieb uns nichts anderes übrig, als am Hang zu übernachten. Er war so steil, dass wir unsere Gürtel aus den Hosen zogen und uns mit ihnen an den dornigen Sträuchern festbanden. Der Wind pfiff immer stärker und kälter. Wir waren auf einmal in einer unerwartet gefährlichen Situation. Zum Glück blieb uns Regen erspart, doch erlebten wir eine unserer ungemütlichsten und längsten Nächte in unserem Leben und schlossen die Augen, wenn überhaupt, nur für kurze Momente vor lauter Erschöpfung. Als Eddys mir zusätzlich mitteilte, dass er nicht mehr weitergehen wolle, war das ein ziemlicher Tiefschlag für mich.

Sobald die Morgendämmerung anbrach, machten sich Eddy und unser dritter Mann an den Abstieg. Ich dagegen hatte mein Ziel weiterhin vor Augen und wollte auf keinen Fall schon wieder aufgeben. So setzte ich allein den Aufstieg fort. Nach relativ kurzer Zeit erreichte ich eine kleine Kapelle unweit vom Gipfel entfernt. Ich ging hinein, um mich ein wenig aufzuwärmen. Etwas später hatte ich den Gipfel erreicht. Wie schon in der Kapelle, so war auch hier ein Kreuz aufgestellt und ich sah es als ein gutes Omen an.

Da ich unglaublichen Hunger und Durst hatte, blieb ich nicht lange. Ich verzehrte ein Stück Zitrone und machte mich rasch an den Abstieg. Dafür wählte ich eine andere Route, die sich als längst nicht so steil und schwierig erwies wie die Aufstiegsroute, die wir gewählt hatten. Gegen Abend kam ich geschunden und ausgelaugt, aber überglücklich an unserem Lagerplatz an.

Ich war stolz darauf, etwas erreicht zu haben, was Eddy nicht geschafft hatte. Die Stimmung zwischen uns war deshalb aber nicht mehr die Beste, und es dauerte nicht lange und wir zerstritten uns ernsthaft. Durch unsere eigensinnige Art gab es Reibereien z. B. wegen der Lebensmittel, die häufig nur ich bezahlte, er aber auch verbrauchte. Er war mir auf Dauer zu egozentrisch und damit kam ich einfach nicht klar.

Zu dieser Zeit lernte ich Raphael kennen. Wir trafen uns bei Vangelis in der Taverne. Raphael saß an einem Tisch und machte Schmuck, den er verkaufte und wovon er seinen Lebensunterhalt bestritt. Es stellte sich heraus, dass er ebenfalls unter einem Wacholderbusch lebte, etwa 200 Meter unterhalb des Hügels, auf dem Eddy und ich unser Lager aufgeschlagen hatten. Raphael war auch ein Indienfreak und kannte sich ziemlich gut im Yoga aus. Er war ein Sannyasi, ein Hindugläubiger, welcher sein Leben der Suche nach Gott geweiht hatte, eine Art Bettelmönch.

Durch meine Freundin Godawari vom Stodiks Hof waren mir Sannysasis schon bekannt, und nachdem ich mit Raphael einige Yogaübungen gemacht hatte, meditierten wir noch bei Sonnenuntergang, bis die Sonne ins Meer tauchte. Da die Abenddämmerung hereinbrach, lud er mich zu sich in seine Hütte ein.

Vor seinem Wacholderbaum konnte ich mehrere Zeichnungen im Sand entdecken. Es waren schön gemalte Linien, Schnörkel und Spiralen. Er zeichnete diese immer in den Sand, um böse Geister abzuhalten. Außerdem konnte er daran erkennen, ob sich jemand seiner Behausung genähert hatte bzw. sich daran vergangen hatte. Eine gute Idee, dachte ich mir, echt clever – ich war beeindruckt. Auch die Art und Weise, wie er seine Behausung eingerichtet hatte, beeindruckte mich. Die Feuerstelle war sauber gebaut. Daneben lag schon das nächste Feuerholz. Größere Stücke für das Dauerfeuer und kleineres zum Anzünden und Kochen. Unter den Ästen des Baumes waren saubere indische Tücher aufgehängt und das Gepäck ordentlich verstaut. An mehreren Stellen waren Kerzen in abgeschnittenen Wasserflaschen aufgestellt.

Geschwind kochte Raphael uns einen Tee und wir unterhielten uns und rauchten. Er erzählte mir von Indien und gab mir gute Tipps und Warnungen mit auf den Weg. Ich erzählte ihm von meinem Streit mit Eddy und er bestärkte mich in meinem Gedanken, mich von ihm abzusetzen, um zu mir selbst zu finden. „Wahrscheinlich ist das auch der Grund, warum ich mich mit Eddy zerstritten hatte", dachte ich mir, „Ich muss alleine meine eigenen Erfahrungen machen, um herauszufinden, wer ich wirklich bin."

13. Bombay

Endlich saßen Eddy und ich im Flugzeug nach Bombay. Wir sprachen nur das Nötigste miteinander. Jeder schmollte vor sich hin mit großer Ausdauer und Entschlossenheit, denn der Bruch sollte endgültig sein. Irgendetwas stachelte mich aber auch diesbezüglich an. Ich ahnte, dass ich mich von allem Alten lösen musste, um mich neu zu finden. Eddy gehörte mit dazu.

Bangladesch Airline bot auf dem gesamten Flug nichts weiter als eine klägliche Mahlzeit, in Plastik einge-schweißtes, scharfes, schlechtschmeckendes Curry und Whiskey für ein Dollar das Glas an. Die Sitze waren extrem eng beieinander und wir waren hauptsächlich von Asiaten umgeben, die sich auf dem Heimflug befanden. Nach einem 16 stündigen Flug mit einem Zwischenstopp in Bahrain kamen wir vormittags in Bombay an. Die Hitze war erdrückend und ein Menschenstrom riss uns, nachdem wir unser Gepäck geholt hatten, mit in Rich-tung Flughafenausgang. Dort erwarteten uns jede Menge Rikscha- und Taxifahrer. Einem gelang es, meinen Ruck-sack an sich zu reißen. Mit Mühe konnten wir ihm folgen und gerade noch sehen, wie mein Gepäck im Kofferraum eines der schwarz-gelben Taxen verschwand. Nach eini-gem Hin- und Hergerangel riss ich den Rucksack wieder an mich. Das fing ja gut an.

Nun nahm ich meine ersten Eindrücke von Indien auf. Meine Augen erblickten dicke grüne Rotze auf dem Boden und meine Nase roch stinkenden Schweiß und Urin. Diese Empfindungen fraßen sich wie ein schlech-tes Omen in mein Gehirn ein – und es sollte tatsächlich noch schlimmer kommen. Ich wusste, dass das Abenteuer Indien nun für mich begonnen hatte.

Eddy und ich sahen eine Gruppe anderer Europäer, die sich offensichtlich schon ein wenig besser auskannten. Wir schlossen uns ihnen an. Einer war bereit, für uns den Bus in die Stadt zu zahlen, was im Verhältnis zum Taxi sehr viel billiger war. Ich war stolz darauf, dass es mit dem Schnorren in Indien schon gut anlief. Das sollte ja mein Lebensstil sein. Also war es auch hier möglich, das zu machen, was ich auf meinen Reisen in Europa schon mit Erfolg praktiziert hatte.

Wir fuhren fast eine Stunde in Richtung City, vorbei an den Slums von Bombay. Die Leute, die uns die Fahrt in die Stadt bezahlt hatten, stiegen aus und wir mit ihnen. Wir sahen einige Banken und dachten, dass wir nun Dollar in Rupien tauschen könnten, denn wir waren informiert worden, dass ein Umtausch am Flughafen zu unserm Nachteil gewesen wäre.

Wir verabschiedeten uns dankbar von den anderen und schritten auf die nächste Bank zu. Als wir feststellten, dass sie geschlossen war, dachten wir uns noch nichts dabei. Doch ein paar Banken später erfuhren wir dann, dass in Bombay Feiertag war und alle Banken geschlossen hatten – „Bank Holiday"! Nun standen wir mitten in Bombay ohne eine Rupie in der Tasche. Uns blieb nichts anderes übrig, als uns zu Fuß auf den Weg zum nächsten Fünfsternehotel zu machen, wo man Travellerschecks tauschen konnte.

Mittlerweile war ich tropfnass geschwitzt und mein Rucksack schnürte mir das Blut an den Schultern ab. Neidisch auf Eddys leichtes Gepäck, kam ich mir vor wie ein Depp. Mit Mühe folgte ich ihm durch den Strom von entgegenkommenden Menschenmassen. Der Durst quälte mich und ich dachte des Öfteren, dass ich zusammenbrechen würde. Ich wollte Eddy auf keinen Fall aus den Augen verlieren. Also sputete ich mich. Ständig wurden wir von Bettlern aller Couleur angehalten und wir versuchten, uns schnell an ihnen vorbeizudrängen.

Plötzlich stolperte ich fast über einen Menschen, der regungslos am Boden lag. Der Mann war halb mit einer gammligen, verdreckten Decke zugedeckt. Überall am Körper zeigten sich offene, blutende Wunden, aus denen die Maden herauskrochen und die von Schwärmen von Fliegen bedeckt waren. Wie erstarrt folgte ich der Aufforderung Eddys, weiterzugehen, in dem Wissen, dass ich soeben meinen ersten sterbenden, wenn nicht sogar schon toten Menschen auf Indiens Straßen gesehen hatte.

Eddy war mir schon wieder fast 50 Meter voraus. Ich drohte ihn schon wieder aus den Augen zu verlieren, als sich die Menschenmenge vor mir plötzlich auseinanderbewegte. Da bäumte sich ein langhaariger, halbnackter Inder auf. Er schrie mich an und tanzte um mich herum. Er streckte mir seine Hand entgegen und schlug, in der anderen Hand eine Peitsche aus vielen Riemen haltend, unaufhörlich auf seinen eigenen Rücken ein, der von blutigen Striemen übersät war. Es dauerte eine ganze Weile, bis ich begriff, dass er von mir Geld wollte. Zwar verstand ich seine Sprache nicht, doch konnte ich seiner

Gestik entnehmen, dass er dabei war, mich zu verfluchen. Das unterstrich er, indem er begann, mich zu bespucken. Ich stand wie gelähmt da und konnte mich überhaupt nicht bewegen. Ich kam mir vor wie das Kaninchen im Angesicht der Schlange. Mittlerweile hatte sich eine größere Menschenmenge um mich herum versammelt. Der Inder schlug immer heftiger auf sich ein und sein Tanzen wurde immer wilder und ekstatischer. Mir lief der Schweiß heiß und kalt den Rücken herunter, bis plötzlich ein westlich gekleideter Inder, der offensichtlich Erbarmen mit mir hatte, dem Szenario ein Ende bereitete. Er drückte meinem Peiniger eine Rupiennote in die Hand und jagte ihn laut „Challo, Challo" rufend davon. Widerwillig verschwand der Verrückte.

Eddy hatte bemerkt, dass ich nicht nachkam und lief mir wieder entgegen. Er bekam die ganze Szenerie noch mit, wusste aber auch nicht, was er machen sollte. So schnell wir konnten, setzten wir nun unseren Fußmarsch Richtung Taj Mahal Hotel Richtung Hafen fort. Nach etlichen Stunden mühseligen Laufens erreichten wir das Hotel. Wir wechselten unseren ersten Scheck in Rupien und suchten uns in der Gegend ein billiges Zimmer in einer Absteige. Das Zimmer, das wir erhielten, hatte zwei Betten und kein Fenster. Eine schwach leuchtende Glühbirne hing von der Decke. Ich schaltete den Ventilator an, der die stickige und feuchtheiße Luft in Bewegung setzte. Nachdem wir unseren ersten Joint in Indien geraucht hatten – ich weiß gar nicht mehr, wo wir das Haschisch her hatten – schliefen wir sofort ein.

14. Eine unerwartete Begegnung

Schweißgebadet wachte ich auf. Ich hatte schlecht geträumt und es war mittlerweile ein Uhr nachts. Die Luft war unheimlich stickig und der Ventilator brachte kaum Erleichterung. Ich beschloss, einen Spaziergang an der Kaimauer entlang zu dem Hotel zu machen und erhoffte mir ein wenig Abkühlung. Als ich die Straße betrat, wehte mir eine leichte Brise entgegen. Ich konnte gar nicht begreifen, dass ich nun in Indien war, in dem Land meiner Träume. Während ich durch die Straßen schlenderte, überlegte ich mir, wie es wohl für mich weitergehen würde. Eines stand auf alle Fälle fest: Eddys und meine Wege würden sich trennen, obwohl ich am liebsten mit ihm zusammen geblieben wäre. Trotz Angst ließ mein Stolz es nicht zu, die Entscheidung rückgängig zu machen.

Die Geschäftigkeit auf den Straßen war um diese Uhrzeit immer noch sehr rege. Viele der Geschäfte, so schien es, hatten die ganze Nacht geöffnet. Auf den Bürgersteigen wurde in kleinen Chai-shops Tee angeboten. An anderen Shops wurde Pan, auch Betelnuss genannt, verkauft. Das waren grüne Blätter mit leicht betäubender Wirkung, in welche Gewürze eingerollt wurden. Diese wurden wie Kautabak gekaut, der sich im Mund rot färbte. Der sich ansammelnde Sud wurde nach einer Weile ausgespuckt. Überall an den Hauswänden konnte man den ekeligen roten Farbstoff der Betelkauerei sehen.

An den Straßenrändern, vor den Geschäften und an den Bürgersteigen schliefen Menschen, wo immer es nur möglich war. Manche lagen auf relativ guten, mit Seilen oder Bast verflochtenen Betten aus Holz vor ihren Shops, in denen Reis, Gewürze oder Stoffe verkauft wurden.

Manche hatten Matratzen mit Baumwolle ausgestopft und wiederum andere lagen ganz einfach auf einem Stück Pappe.

Schließlich erreichte ich das Taj Mahal Hotel. Hier wurden die Straßen wesentlich breiter. Das Hotel wirkte mit seinen vielen Stockwerken und der gigantischen Beleuchtung überaus mächtig. Dicke Mercedes und Rolls Royce hielten davor. Diener in weißen Uniformen und rotem Turban öffneten den an- und abfahrenden Gästen die Wagentüren. Der Reichtum und der Glanz beeindruckten mich sehr, und die Tatsache, dass dies alles so nah und doch unerreichbar für mich war, schmerzte. Unmittelbar vor dem Hotel auf der anderen Straßenseite befand sich eine grüne Rasenfläche, um die sich eine Straße zog. Dort bot sich der totale Kontrast. Auf dieser Fläche hatten sich Menschen zum Schlafen hingelegt und dazwischen liefen dutzende von Ratten herum und waren auf der Suche nach Nahrung. Ich war erschlagen von dieser Gegensätzlichkeit der Armut und des Reichtums. Scheichs, Geschäftsleute und auch Politiker mit den Ärmsten der Armen auf einem Fleckchen Erde zusammen und doch so weit voneinander entfernt. Wo war hier mein Platz? Wer war ich in dieser namenlosen und unverständlichen Welt?

Ich überquerte die Straße und schlenderte direkt an der Kaimauer entlang, an vielen kleinen Chai-shops vorbei. In einiger Entfernung sah ich eine größere Einbuchtung in der Kaimauer, in der Sitzbänke eingelassen waren. Ich steckte mir eine Zigarette an und bewegte mich auf sie zu. Der Platz war recht belebt und übte auf mich eine starke

Anziehungskraft aus. Ich war einsam und sehnte mich nach Gemeinschaft mit Gleichgesinnten.

Plötzlich erstarrte ich! Ich konnte es nicht fassen. Da saß John auf der Bank und lächelte mich ganz cool an. „Hallo Dirk" sagte er. Gemischte Gefühle stiegen in mir hoch. Ich freute ich mich, John wiederzusehen. Es war einfach unfassbar, wie er dort saß und sich so verhielt, als ob er nur auf mich gewartet hätte. Da war wieder das komische Gefühl und ich fühlte mich voll in seinen Bann gezogen. Nach wie vor ging etwas Mystisches von ihm aus. Ich weiß nicht mehr, was er mir erzählt hat, wie er nach Bombay gekommen sei, doch konnte es kein Zufall sein, dass wir uns hier nach vier Monaten wieder sahen, ohne uns abgesprochen zu haben.

John imponierte mir ja schon in Europa mit seiner einfachen und cleveren Art, sich durchs Leben zu schlagen. Der nun aufkommende Gedanke, ab jetzt mit jemanden in Indien zu sein, der sich gut auszukennen schien, faszinierte mich. Mit John konnte ich erst recht auf Eddy verzichten.

„Wo willst du hin?" fragte mich John, während er einen Joint baute, den er großzügig mit Haschisch bestückte. Neben uns dampften zwei Gläser Milch-Tee, den er mittlerweile an einem der kleinen Stände gekauft hatte. „Ich wollte zuerst nach Goa", sagte ich ihm und wusste im selben Augenblick, dass es ein Fehler war. „Ich auch", sagte er und strahlte mich an.

Innerlich spürte ich, dass die tausend Dollar, die ich bei mir hatte, in Gefahr waren, denn ich wusste, dass John auch dieses Mal ohne Geld in Indien unterwegs sein musste. Wie sollte es reichen, wenn ich für zwei Jahre in Indien bleiben wollte und schon gleich zu Anfang sich jemand Mittelloses an mich hängte? Auf der anderen Seite konnte ich aber von John lernen, mich ohne Geld in Indien durchzuschlagen. Meine Gefühle gerieten immer mehr ins Trudeln, und nachdem wir noch einen Joint geraucht hatten, konnte ich sie gar nicht mehr kontrollieren. Ich ließ mich einfach treiben.

Gemeinsam gingen wir zurück zu „meinem Hotel". Eddy staunte nicht schlecht, als er John in der Tür erblicke. Wir rauchten noch zusammen einen Joint und legten uns dann für den Rest der Nacht schlafen. Am nächsten Morgen trennten sich unsere Wege nach dem Frühstück. Eddy setzte sich in den Zug in Richtung New Delhi und John und ich machten uns auf den Weg zur Fähre, die zwischen Goa und Bombay pendelte. Als ich die Menschenmassen vor der Fähre erblickte, konnte ich mir kaum vorstellen, wie wir dort einen Platz finden sollten. Kaum hatte sie angelegt, stürmte die Menschenmenge das Boot. Dabei benutzten sie nicht nur die normale Gangway, sondern die gesamte Breitseite des Bootes, indem sie einfach an der Reling hochkletterten. Doch John war erfahren genug. Er drückte einem jungen Inder eine Decke und einige Rupien in die Hand, der uns flink einen recht bequemen Platz auf dem mittleren Deck sicherte. Auf einem weich gepolsterten Podest, das mit blauem Plastik überzogen war, breiteten wir unsere Decken aus und machten es uns zwischen den anderen Reisenden bequem.

Die Fahrt mit all ihren neuen Eindrücken dauerte aufregende 24 Stunden. Wir fuhren die ganze Zeit an der Küste entlang, die uns mit langen gelben Stränden und ihren unendlichen Kokosbaumhainen begleitete. Doch nach einigen Stunden wurde die Reise sehr mühsam. Der Platz zum Liegen auf der Matte war sehr begrenzt und der Fahrtwind brachte kaum Erfrischung. Auch durfte man sich nicht so einfach von seinem Platz entfernen, ohne dass man eine Person hatte, die den verlassenen Platz sicherte. Ebenso musste man gut auf sein Gepäck aufpassen. Da wir zu zweit waren, konnten John und ich uns immer abwechseln, wenn sich einer von uns die Beine vertreten oder zur Toilette wollte. Die war schon nach kürzester Zeit so verdreckt, dass man sie wirklich nur im Notfall und dann mit viel Überwindung aufsuchte. Was wir zu essen und zu trinken mitgenommen hatten, reichte für die lange Fahrt nicht aus und so kauften wir gebackene Samosa und stark gesüßten Chai, was uns irgendwelche Boys zwischendurch anboten. Ich verzehrte alles in der Hoffnung, mir nicht irgendeinen Durchfall oder sonstiges einzufangen.

Die Luft war salzig und feucht, und bald klebte mir die verschwitzte Kleidung unangenehm am Leibe. Die Nacht war unendlich lang, denn ich machte vor Aufregung und Angst, dass meine Sachen gestohlen werden könnten, fast kein Auge zu. Am nächsten Tag erreichten wir den Bundesstaat Goa mit seiner Hafenstadt Panjim. John wusste, wo wir gut unterkommen konnten, und so fuhren wir mit dem Bus nach Mapusa und dann mit einem anderen Bus nach Anjuna Beach. Von dort nahmen wir eine Rikscha, die uns nach Vagator Beach brachte.

Hier mietete ich uns ein Zimmer in der Größe einer Garage. Es hatte ein vergittertes Fenster und eine Tür, die mit einem Vorhängeschloss zu verriegeln war. In dem Zimmer selbst befanden sich lediglich ein klappriges Holzgestell, das mit Bast bespannt war, und eine dünne, mit Baumwolle gefüllte Matratze, die schon reichlich durchgelegen war. Auf der Veranda gab es eine kleine, aus rotem Lavastein gemauerte Kochstelle und ein Waschbecken ohne fließendes Wasser. Das musste man sich aus einem nahegelegenen Brunnen holen. Waschschüssel und Wassereimer für den Transport mussten wir uns noch in den nächsten Tagen in der Stadt auf dem Markt besorgen. John kannte sich hier offensichtlich gut aus und ich fasste neues Vertrauen zu ihm.

Nachdem ich ein kleines Feuer angezündet hatte, versuchte ich, etwas Vollkornreis zu kochen, den ich in Bombay auf dem Markt gekauft hatte. Es stellte sich heraus, dass er ungenießbar war, da er nicht geschält war. Also suchten wir doch ein Restaurant am Vagator Beach auf. Wir gingen zu Lilli, die ein kleines Outdoor-Restaurant nach unserem Geschmack betrieb, in dem wir andere Aussteiger und Globetrotter aus westlichen Ländern trafen.

Gleich gegenüber dem Restaurant gab es einen Aschram, eine religiöse Begegnungs- und Übernachtungsstätte. Normalerweise wird ein Aschram von einem hinduistischen Guru unterhalten, der die Sannyasins* in religiösen

*Sannyasin, Mehrzahl Sannyasins
Sannyas ist eine von der spirituellen Suche bestimmte Lebensart. Sannyasin bezeichnet im Hinduismus einen Menschen, welcher der Welt entsagt hat und in völliger Besitzlosigkeit lebt. Sein ganzes Streben ist auf Moksha, ... (weiter s. Seite 80 unten)

Fragen lehrt. John erklärte mir, dass dieser Aschram ein christlicher sei und von einem deutschen Priester geleitet würde. Dort könnte man auch ab und zu einmal zum Essen hingehen. Die Küche wäre einfach und nahrhaft. Außerdem sei der Aschram eine gute Stelle, um Pass und Geld im Safe des Priesters zu hinterlegen. Ein weiterer Vorteil sei es, dass es dort die Möglichkeit gäbe, seine Wäsche zu waschen und den Aschram als Postadresse anzugeben. Wenn Briefe in Indien ankämen, wäre der Aschram, der „Om Yeschu Niketan" (das Haus Jesu) hieß, eine gute Adresse. Ansonsten müsse man seine Briefe bei der Post hinterlegen, bei der man aber nie so genau wüsste, wer sich, wegen eventueller Geldzusendung, dafür noch interessieren würde. Ganz abgesehen davon könnte man auch nicht sicher sein, ob die Briefe überhaupt noch da wären, wenn man sie nicht umgehend abholte.

John und ich richteten uns in unserem Zimmer langsam ein. Nach einigen Tagen sprach John unsere Finanzlage an. Er hatte mittlerweile aus mir herausbekommen, dass ich 1000 Dollar in Travellerschecks bei mir trug. Er unterbreitete mir den Vorschlag, mit ihm nach Pakistan zu reisen, um dort gutes Haschisch zu kaufen. Er hätte

die Befreiung vom Karma und vom Kreislauf von Geburt und Tod durch Vereinigung mit Gott oder der höchsten Wirklichkeit gerichtet. Manche umherwandernde Sannyasins begnügen sich mit einem Platz in der Nähe eines Tempels; andere leben in Höhlen oder sind völlig heimatlos auf ständiger Wanderschaft. Asketisch und ungebunden lebende Sadhus, wie u.a. hinduistische Mönche genannt werden, sind Sannyasins. Sannyasins tragen traditionell orangefarbene Gewänder.

Sannyas nennt man auch die letzte der vier Stufen eines idealen Hindu-Lebens, das der Dharma, die hinduistische Ethik, als Ideal vorsieht: Im letzten Abschnitt des Lebens ist es demnach angemessen, sich von allem Weltlichen zu lösen und sich heimatlos, von milden Gaben ernährend, der Suche nach Erlösung zu widmen.

da „super Connection". Davon war ich überzeugt, denn ich hatte ja den Stoff schon probiert, den er des Öfteren ausgepackt hatte.

Der Plan war also, gutes Haschisch zu beschaffen und dieses dann an die Touristen, die gerade zu Weihnachten in Massen zu den „Goa Partys" anreisten, zu verkaufen. In Indien war „Business" angesagt, jeder machte irgendwie „Business" – warum also nicht auch ich. Das Ganze sah nach einer vernünftigen Win-Win-Situation aus.

So zahlte ich die Miete für unsere Unterkunft einen Monat im Voraus, und wir reisten mit dem Nachtbus wieder zurück nach Bombay; ich dieses Mal mit ebenso wenigem Gepäck wie John. Die Fahrt dauerte nur zwölf Stunden. In Bombay besorgten wir uns Zugtickets nach Neu-Delhi. Zwei Wochen später wollten wir wieder zurück sein.

Die Reise nach Rāwalpindi (Pakistan) in die Nähe von Islamabad, ca. 250 km von der Grenze zu Afghanistan, sollte vier Tage dauern. Für mich war auch diese Reise sehr abenteuerlich, mit all den neuen Eindrücken, vor allem auf den Zugfahrten. Der Bahnhof in Bombay war voll mit Menschen. Und mit voll meine ich wirklich voll. Menschenmassen drängten und schoben sich in alle möglichen Richtungen. Wir kämpften uns zu dem Zug durch und fanden endlich Platz in unserem Abteil. Der Zug war insgesamt gut organisiert, denn ich hatte in dem ganzen Chaos nicht erwartet, dass wir tatsächlich unseren reservierten Platz bekommen würden. Aber hier herrschte in dem Chaos doch System, wenn auch für Westler nur schwer durchschaubar.

Wir waren sechs Personen in unserm Abteil. Ich wählte einen Fensterplatz. Der Zug setzte sich in Bewegung. Ständig kamen irgendwelche Boys oder Frauen die Gänge entlang und boten uns in Teig gebackenes Gemüse, Chai, Nüsse oder sonstige Sachen an. Ab und zu kauften wir etwas zu essen und zu trinken. An den Bahnhöfen gab es sogar warme Mahlzeiten, welche teilweise auf großen zusammengesteckten Blättern angeboten wurden.

John erbat sich von mir immer wieder Geld, um Essen, etwas zu trinken oder zu rauchen zu besorgen. Irgendwie schaffte er es auch, Haschisch zu beschaffen, aber seltsamerweise roch das, was er rauchte, anders als das, was wir uns gemeinsam ansteckten. Schließlich, er holte sich mittlerweile immer häufiger Geld, kam ich dahinter, was John rauchte. Er drehte sich ein braunes Pulver, welches er aus einem fein säuberlich gefaltetem Minibriefchen entnahm, in seine Zigarette. In New Delhi, nachdem er sich eine angesteckt hatte, gab er auch mir davon zu rauchen. Ich merkte sofort die völlig andere Wirkung im Gegensatz zum Haschisch. Es fühlte sich super an und ich erkannte die Wirkung sofort wieder. Sie war ähnlich wie beim schwarzen Haschisch, dem schwarzen Afghanen. Das Gefühl von Leichtigkeit und Sorglosigkeit war überwältigend. Es schien mir, als sei ich unbesiegbar. Jetzt war mir klar, warum ich auf dieses Haschisch schon in Deutschland so angesprungen war. Es war Brown Sugar: Haschisch mit Heroin bzw. mit Opium gestreckt und es gab mir das Gefühl ich sei unbesiegbar, unsterblich, hätte alles unter Kontrolle und nichts sei mir problematisch, nichts könne mich mehr runterziehen. Jetzt verstand ich, warum Junkies das Heroin als ihre große Liebe beschrieben.

Nun reiste ich einfach nur noch mit John weiter und ließ mich treiben wie ein Stück Treibholz. Wir passierten die Grenze zu Pakistan mit dem Bus und kamen in Lahore an. Dort besuchte John mit mir eine riesige Moschee. Schon der Vorplatz war aus reinem weißem Marmor. Die Moschee selbst aus rotem Marmor gebaut, spiegelte sich in dem glänzend weißen Marmor des Fußbodens. Atemberaubend! Alles war groß, mächtig und einschüchternd. John ging hinein zum Beten. Er outete sich als gläubiger Moslem. Danach fuhren wir mit weiteren Bussen nach Rāwalpindi. Von dort aus stiegen wir in einen Pick up, der als Sammeltaxi diente und uns in ein abgelegenes Dorf brachte.

Die meisten Männer hier waren mit einer Kalaschnikow, einem russisches Maschinengewehr, bewaffnet, das sie über der Schulter trugen. Auch in den Kofferräumen der Autos lagen Waffen. John erklärte mir, dass wir hier im sogenannten Niemandsland seien, wo selbst die Polizei oder das Militär nicht aktiv werden würden. Es war eine anarchistische Zone und es stellte sich die Frage, wer hier eigentlich regierte.

Wir gingen in dem kleinen Dorf in ein Haus und setzten uns mit mehreren Männern in einem Raum auf dem Boden, welcher mit bunten Teppichen ausgelegt war. In dem Zimmer brannte ein kleines Feuer in einem Kamin, aus Lehm gebaut. Unsere Schatten flackerten an den Wänden und die ganze Atmosphäre war bizarr. Verschleierte Frauen brachten uns Chai und Essen. Nach dem Essen rauchten wir Wasserpfeife. Doch wurde die Wasserpfeife nicht mit Tabak oder Haschisch bestückt, sondern mit Heroin.

Merkwürdig fand ich, wie sich unser Gastgeber von einem Knaben, vielleicht zehn Jahre alt, massieren ließ. Dabei lief der Junge ihm barfuß über den Rücken und knetete diesen mit seinen kleinen Füssen. Die Art und Weise, wie er den Jungen nachher liebkoste, war mir sehr unangenehm und mir war klar, dass das hier in Richtung Pädophilie ging. Ich war angewidert, konnte aber dem Gefühl gar nicht so nachgehen, da ich mit meinem extremen Rausch zu tun hatte. Irgendwann führte man uns in ein Zimmer mit zwei Betten, wo John und ich uns zum Schlafen hinlegten.

Besser gesagt, ich legte mich aufs Bett, John stopfte noch eine Schischa (Wasserpfeife) mit Heroin, die wir zusammen rauchten. Vollgedröhnt schlief ich ein. Nach einiger Zeit wachte ich kurz auf und sah John, wie er mitten in der Nacht bei Kerzenschein an der Wasserpfeife saß und rauchte. Die ganze Nacht hindurch hatte ich einen unruhigen Schlaf, aus dem ich immer wieder aufwachte. Jedes Mal sah ich John, wie er unermüdlich an der Schischa zog. Er hatte also die ganze Nacht lang Heroin geraucht, und als ich am nächsten Morgen den Sonnenaufgang aus meinem Bett heraus beobachtete, wurde mir klar: Offensichtlich hat John gar nicht vor, mit mir Haschisch einzukaufen. Er hatte es anscheinend nur darauf abgesehen, sich von mir seinen Heroinkonsum finanzieren zu lassen. „Ich muss mich von John trennen, ich muss weg, sonst ist das mein Untergang", dachte ich mir. Am Morgen sagte ich zu ihm: „Du kannst hierbleiben, ich setze mich ab, ich gehe meinen eigenen Weg." John versuchte, mir ein schlechtes Gewissen zu machen, indem er mir vorhielt, dass ich ihn jetzt nicht ohne Geld hier in Pakistan hängen lassen könne. Doch ich blieb entschlossen. Ich teilte mit ihm das Haschisch, das wir für den eigenen Bedarf gekauft hatten, und gab ihm noch 20 Dollar. Dann brachte mich ein Pickup zur nächsten Busstation nach Lahore.

Über meine Entscheidung war ich froh und auch darüber, den Plan, Haschisch zum Verkauf mit nach Goa zu nehmen, aufgegeben zu haben. Mittlerweile hatte ich nur noch 500 Dollar in Schecks! Außerdem noch so viele indische Rupien, dass ich nach Goa zurückkommen konnte. An der Grenze nach Indien, wo mich die pakistanische Polizei einer Leibesvisite unterzog, bei der sie das Haschisch fand, das ich in meiner Unterhose versteckt hatte, bekam ich Panik und überlegte fieberhaft, was ich tun könne, um aus dieser Misere herauszukommen. Da erinnerte ich mich an Geschichten von anderen Reisenden, die sich in ähnlichen Situationen mit einem Bestechungsgeld freigekauft hatten. Ich zog einen 20 Dollarschein aus meinem Brustbeutel und drückte ihn dem Polizisten in die Hand. Tatsächlich gab er mir meinen Pass wieder und ließ mich laufen.

15. Jaipur und Shu Shakti Giri

Erleichtert saß ich im Bus, der mich nach Jaipur im Bundesstaat Rajasthan, bringen sollte. Da ich nun schon einmal im Norden war, wollte ich mir doch die Gegend etwas näher anschauen. Ich hatte von einem großen Kamelmarkt gehört, der in der nächsten Woche stattfinden sollte. Dieser Markt war selbst für die Inder ein Highlight. Er sollte der größte seiner Art sein zu dem erwartungsgemäß hunderttausende von Menschen kamen. Beduinen aus allen Regionen der Wüste von Rajasthan reisten dort mit großen Karawanen an, um Handel mit Kamelen, Gewürzen und Stoffen zu treiben, um Musikern und Gauklern zuzuschauen bzw. zuzuhören.

In Jaipur angelangt, suchte ich mir ein Zimmer in einem einfachen, jedoch für indische Verhältnisse recht sauberen Hotel. Nachdem ich geduscht und ein wenig geschlafen hatte, ging ich auf einen Abendspaziergang durch Jaipur. Ich war beeindruckt von der Schönheit und Vielfalt dieser Stadt, die auch Pink City genannt wird. Der Palast leuchtete in der Abendsonne rot bis rosa. Viele Gebäude und die Stadtmauern schimmerten in einem warmen Rot und Gelb, und man hatte wahrhaftig den Eindruck, wie im Märchen von Tausend und einer Nacht zu sein. Jedoch fühlte ich mich einsam und verloren und sehnte mich nach Gemeinschaft. Auf einmal sprach mich ein junger, bärtiger Inder auf Englisch an.

„Hallo, wo kommst du her?" Ich erklärte ihm, dass ich aus Deutschland käme und auf dem Weg zu dem „Festival" sei, von dem er auch wusste. Wir unterhielten uns noch eine Weile und er bot mir an, mit ihm ein Shillum* zu rauchen, ein Rohr aus Ton, durch welches Haschisch oder Opium geraucht wird. Ich hockte mich neben ihm auf die Treppe vor einem Tempel, auf dessen Stufen er saß.

Shu Shakti Giri, so stellte er sich mir vor, war ein Sadhu mit einer Tika*, ein mit roter Pulverfarbe aufgetragenes Zeichen auf der Stirn, das wie ein Tropfen aussieht. Shakti war orange gekleidet, so wie sich alle Sadhus traditionell kleiden. Ein Sadhu war dafür bekannt, dass er sein Leben der Suche nach dem Weg der Erleuchtung verschrieben hatte. Wir verabredeten uns für den nächsten Morgen, denn er wollte mich auf meiner Reise zu dem Kamelmarkt begleiten.

„Was für ein Glück", dachte ich mir, „es ist sicherlich leichter und interessanter für mich, mit einem Einheimischen durch Rajasthan zu reisen, vor allen Dingen dann, wenn der sich auch noch bezüglich des Festivals auskennt."

Am nächsten Morgen kam Schu Shakti Giri in mein Hotel. Ich hatte eine schlimme Nacht mit Gliederschmerzen, Übelkeit, Erbrechen und Durchfall hinter mir.

---

*Ein typisches Chillum (oder Shillum) ist eine gerade konische Pfeife. Traditionell werden sie aus Ton, Stein oder Holz gefertigt und wurden mindestens seit dem 18. Jahrhundert von den Sadhus in Indien und von den Hindu Mönchen in der Himalaya Region verwendet, um Opium, Cannabis und andere Betäubungsmittel oder Kräuter zu rauchen. In Indien war das Rauchen oder sogar der Besitz eines Chillums traditionell auf männliche Nutzer beschränkt und wurde vor allem in den ländlichen Gebieten im Norden Indiens praktiziert. Wenn sie das Chillum anzündeten, berührten sie ihre Stirn damit und sagten hierbei: „Boom Shankar", um Shiva und die anderen Götter einzuladen, mit ihnen das Chillum zu rauchen.

*Tika steht für den umgangssprachlichen Begriff für das Tilaka, ein von Hindus auf der Stirn getragenes Segenszeichen

Und das Schlimmste war zu diesem Zeitpunkt noch nicht vorüber. Schu Shakti, den ich auch Baba nannte, kümmerte sich fürsorglich, wie ein Vater, um mich. Sofort ging er los und wies den Hotelier an, mir entsprechende Nahrung und Getränke zukommen zu lassen. Er selbst kam nach einiger Zeit wieder und hatte eine Tüte mit ayurvedischen Medikamenten bei sich. Besorgt flößte er mir ein Mittel nach dem anderen ein. Zwischendurch verschwand er dann wieder, kam aber immer nach einiger Zeit mit neuen Mittelchen oder etwas Essbarem zurück. In diesem elenden Zustand verbrachte ich drei Tage. Erst viel später wurde mir bewusst, dass ich einen kräftigen Heroinentzug durchgemacht hatte.

Nach einigen Tagen, es ging mir nun wesentlich besser, zeigte mir Baba Jaipur, den Königspalast und den Ort, wo er wohnte. Er lebte am Elephantgate in Jaipur. Sein Schlafplatz war in einer Nische eines Tempels des Elefantengottes Ganesha. Dort hatte er lediglich seine Schlafmatte liegen und einige persönliche Utensilien. Ansonsten besaß er nichts. Baba machte mir den Vorschlag, mit ihm durch Rajasthan zu reisen, um einige Aschrams zu besuchen. Für das Festival bzw. den Markt war es nun sowieso zu spät. Der war mittlerweile in vollem Gange und wäre, bis zu unserer frühest möglichen Ankunft, schon zu Ende gewesen.

Somit machte ich mich mit Baba auf den Weg. Wir fuhren die meiste Zeit mit dem Bus. Da das Wetter wunderschön war, stiegen wir meist auf das Dach der Busse, die ohnehin übervoll waren. Das teilten wir uns meist mit weiteren 20 Personen, plus deren Gepäck: geschnürte, überdimensionale Bündel, Käfige aus Bambus mit Hühnern, große Pakete und Koffer.

Das Reisen auf dem Dach eines Busses war ein Erlebnis für sich. Wichtig war vor allem, dass man auf die Vordermänner Acht hatte, denn wenn die sich bückten, war man gut beraten, dies ebenfalls zu tun, ohne groß zu überlegen. Meistens sauste unmittelbar danach ein mächtiger Ast über die Köpfe der Reisenden hinweg.

In den kommenden Wochen besuchten wir zahlreiche Aschrams, wo Menschen einkehrten, die auf der Suche nach Gott waren bzw. sich der Suche nach dem Weg der Erleuchtung verschrieben hatten. Es gab eine Eingangszeremonie, deren Ablauf immer ähnlich war. Zuerst begrüßten wir den Guru, dem der Aschram gehörte. Meistens saß er auf einem erhöhten Podest im Schneidersitz. Ich lernte, mich vor ihm zu verbeugen und mit meinen Händen seine Füße zu berühren als Zeichen der Ehrerbietung. Dann gingen wir zu dem Tempel, um dort dem Gott oder den jeweiligen Göttern zu opfern bzw. ihnen zu huldigen. Mal war es Hanuman, mal Ganesha, mal Kali oder Shiva. Das Opfer bestand darin, dass man eine Handvoll Reis in eine Schüssel oder einige Stücke Obst in eine Schale vor die Götterstatue legte. Danach wurden noch eine Öllampe und Räucherstäbchen angezündet.

Manche Gurus waren sehr mächtig. Sie besaßen große Tempel und große Aschrams. Die Menschen, die den entsprechenden Göttern huldigten, brachten ihre Gaben, die dann dem Guru zugutekamen. Die Nahrungsmittel, die er nicht für sich und seine Familie oder seine Sannyasis, seine Schüler benötigte, wurden meistens an Bedürftige verteilt. Natürlich konnte man dem Guru auch Geld bringen, wenn man welches besaß. Das wurde zwar nicht verlangt, aber doch gerne gesehen.

Ein Guru hatte die Macht, Kranke zu beschwören, die Götter milde zu stimmen, aber auch Menschen mit einem wirksamen Fluch zu belegen. Das nahmen auch gerne die Gläubigen in Anspruch, wenn sie zum Beispiel mit einem Nachbarn im Streit lagen, und dieser einem anderen Guru folgte. Man konnte sich aber auch den Schutz der Götter vor dem Fluch eines anderen Gurus erbitten, falls dieser einen verflucht haben sollte. Das alles geschah, indem man entsprechende Opfer den Göttern seines eigenen Gurus brachte.

Abends saßen wir gewöhnlich am Feuer mit anderen Hindus, wir hatten zuvor gut gegessen und es zirkulierte routinemäßig das Shillum in der Runde, das wir zu Ehren und zur Anbetung des Gottes Shivas rauchten. Dazu wurden Mantras gesungen, heilige Gesänge und Gebete. Den Inhalt verstand ich nicht, denn sie waren in Hindi oder Sanskrit. Aber es waren monotone Hingabegebete an die Gottheit, die sich in mir festigten. Manchmal wurde dazu eine Trommel geschlagen, ein anderes Mal ein Harmonium gespielt. Das Trommeln und das lodernden Lagerfeuer verstärkten die Wirkung des Rauschmittels und der Mantras ins Mystische. Ich hatte den Eindruck, dass die Kräfte der Gottheiten zunehmend Besitz von mir ergriffen.

Etwas unvermittelt fragte mich Baba eines Abends, ob ich sein Sannyasin, sein Schüler werden möchte. Mich ergriff ein Gefühl von etwas besonders Reizvollem und Mächtigem, gleichzeitig fühlte ich aber auch eine lähmende Angst, die stark furchteinflößend war. Mein Wille oder meine Seele waren sowohl durch das Opium, als auch durch die spirituellen Handlungen und den Gesang irgendwie phlegmatisch geworden. Ich hatte gar keine andere Wahl mehr, als ja zu sagen.

Daraufhin flüsterte mir Baba mehrere Mantras ins Ohr und machte mir eine Tika mit roter Farbe auf die Stirn. „Du bekommst jetzt einen neuen Namen von mir", sagte er. „Mein Name ist Schu Shakti Giri und deiner ist Decha Giri. Giri ist auch der Name meines Gurus", erklärte er mir, „und deshalb heißen wir beide Giri. An dem Namen, den man als Sadhu bekommt, erkennt man also den Guru, dem man angehört." Danach wurde zur Feier des Tages noch ein Shillum gereicht.

Am nächsten Morgen weckte mich Baba früher als sonst. Es war noch vor Sonnenaufgang. Er zeigte mir, wie man die körperliche Morgenreinigung vollzog. Morgens war es noch sehr kalt und es kostete mich viel Überwindung, mich bis auf die Unterhose auszuziehen und mit kaltem Wasser zu übergießen. Dann rieb ich meinen Körper von oben bis unten mit Asche ein, die wir uns zuvor aus der Feuerstelle geholt hatten. Zu meinem Erstaunen ließ sich die Asche vollständig mit kaltem Wasser abwaschen. Meine Haare, die schulterlang und mittlerweile verfilzt waren, wurden mit einem Gummi zusammengebunden. Anschließend wurden dann täglich die Kleider gewaschen und zum Trocknen aufgehängt. Ich band mir einen frischen Lungi um, ein dünnes Tuch, das zu diesem Lebensstil dazu gehörte, und ging mit Baba zu einem Tempel. Dort beteten wir verschiedene Götter an und opferten ihnen. Danach bekam ich von meinem Guru eine Tika zwischen die Augen gemalt. Dies war das Zeichen dafür, dass ich meiner Pflicht der Reinigung und der Anbetung für diesen Tag nachgekommen war.

Immer mehr lernte ich mit der Zeit die geheimnisvollen Riten der Anbetung kennen. Immer öfter tranken wir in den verschiedenen Aschrams Milchgetränke, die schmackhafte Gewürze und Opium enthielten, das man hier überall für wenig Geld besorgen konnte. Mein Guru zeigte mir, wie man das Opium im Schillum, im Bong oder in der Wasserpfeife rauchen konnte. Manchmal formte er haselnussgroße schwarze Kugeln, die wir dann schluckten und mit Milch tranken. Überhaupt tranken wir viel Milch, und Baba erklärte mir, dass dadurch das Opium besser verträglich sei.

Einmal, als wir unterwegs waren, kamen wir in ein Dorf, wo Baba mit mir in einen Chai-shop ging, der noch ein Hinterzimmer hatte. Der Wirt führte uns dorthin und wir machten es uns auf zwei Pritschen gemütlich. Nachdem sich meine Augen an das schummrige Licht der Öllampen gewöhnt hatten, bemerkte ich auch noch andere Pritschen in dem Raum, die belegt waren. Der Wirt brachte uns eine große Wasserpfeife, die Baba mit Opium bestückte. Hier wurde man mit Essen und Trinken versorgt und hatte eine Pritsche. So konnte man sich sorglos seinem Rausch hingeben. Ich rauchte kräftig und schlummerte kurz darauf selig träumend ein. Nach einiger Zeit weckte mich Baba. Es war Zeit, weiter zu ziehen, unserem nächsten Aschram entgegen.

Als wir etliche Stunden später wieder von unserem Busdach herunterstiegen, bekam ich einen Schrecken. Ich hatte meinen Geldbeutel mit Rupien im Wert von fast hundert Dollar verloren. Die hatte ich gerade erst umgetauscht. Baba half mir, überall zu suchen, wo wir nur konnten. Hatte ich das Geld verloren oder war ich bestohlen worden? Hatte mich etwa Baba bestohlen? Ich war geschockt und verwirrt. Wie konnte ich so etwas nur denken und mein Vertrauen in ihn in Frage stellen? Ich wagte es erst gar nicht, meinen Gedanken überhaupt auszusprechen. Er, mein Guru, würde mich womöglich einfach empört stehen lassen.

Als wir in dem nächsten Aschram ankamen, offenbarte mir Baba einen Plan. „Pass auf", sagte er: „hier ist ein Ort, wo sie gutes Opium herstellen. Wir können mit deinem restlichen Geld hier Opium kaufen. Damit fährst du nach Goa und verkaufst etwas davon an die Touristen. Sie sind ganz heiß auf guten Stoff. Anschließend schickst du mir von dem Erlös Geld nach Jaipur, damit ich nachkomme und dir helfe, den Rest des Opiums zu verkaufen. Das ist gutes Business."

Ich hatte noch 300 Dollar in Travellerschecks. Diese tauschten wir den folgenden Tag in der nächsten Stadt ein. Den ganzen Tag sahen wir dann zu, wie unsere Bestellung aufbereitet und verpackt wurde. Baba wickelte ein drei Kilo schweres Packet in seine Meditationsmatte ein, die aus weißem Filz bestand. Das ganze Packet war geruchssicher verpackt und wurde in eine passende Umhängetasche verstaut.

In der folgenden Nacht machte ich mich mit zwei Umhängetaschen auf den Weg. Baba führte mich aus dem Dorf heraus und instruierte mich: „Geh von hier aus einfach geradeaus", flüsterte er mir zu. „Nach einiger Zeit kommst du über die Bundesgrenze und zu einem Bahnhof, wo du dir ein Ticket für den Zug kaufst. Von dort schlägst du dich durch bis nach Goa. Meide die Gemeinschaft mit anderen, besonders mit Westlern. Trage immer deine Rudrakschkette* sichtbar in der Hand und bete die Mantras, die ich dir beigebracht habe, leise vor dich hin."

Es war stockfinster und hinter uns waren die Lichter des Dorfes nur schemenhaft zu sehen. Voller Angst ging ich die ersten Schritte allein in die Dunkelheit hinein. Langsam gewöhnten sich meine Augen an die Finsternis und ich sah in der Ferne die Lampen klarer leuchten, auf die ich mich vorsichtig zu bewegte. Plötzliches Knacken oder Rascheln ließ mir jedesmal vor Angst das Blut in den Adern gefrieren. Ich befand mich an der Grenze von Rajastan.

„Wenn mich hier die Grenzpolizei aufgreift, bin ich geliefert", schoss es mir durch den Kopf. Ich umklammerte

---

*Eine Gebetskette, sie besteht aus trockenen Samenkapseln mit Einkerbungen vom Rudraksha Baum. Je nach der Anzahl der Einkerbungen, bis zu 36 Stück und je nach ihrer Formen sind sie besonders selten und somit wertvoll. Sie haben von Natur aus ein Loch in der Mitte, welches sich zum Auffädeln auf eine Kette eignet. Sie gelten als die Tränen von Shiva und es wird den Samen eine heilende Wirkung zugeschrieben. Sie wird sehr gerne im Hinduismus benutzt.

meine Gebetskette, die ich in der Hand hielt, und flüsterte leise die Mantras vor mich hin. Ich erreichte den Bahnhof, so wie Baba es mir erklärt hatte, und löste ein Ticket. Es dauerte nicht lange und der Zug hielt an. Gerade schaute ich mich um und versuchte herauszufinden, in welchem Waggon ich meinen Sitzplatz finden würde, als ein Polizist mit einem langen Schlagstock auf mich zukam. Immer heftiger betete ich meine Mantras herunter. „Can I help you?", fragte er mich in einem strengen und autoritären Ton. Ich zeigte ihm mein Ticket und er deutete mit seinem Stock in die Richtung des Zuges, wo sich mein Abteil befand.

Der Polizist schaute mich verwundert von oben bis unten an und er fragte nach meinem Namen. Als ich ihm meinen indischen Namen sagte, veränderte sich sein Gesichtszug und er wurde überaus freundlich. „Lass mich dir helfen!", sagte er und griff mit einer Hand nach der Tasche, in der das Opium verstaut war. Schnell zog ich sie an mich, und er griff nach der anderen und trug sie mir bis zu dem richtigen Waggon. Ich war total erleichtert, als sich der Zug mit mir in Bewegung setzte und in die indische Nacht hineinfuhr.

Auf der Fahrt wurde mir bewusst, dass ich in den letzten Wochen durchgehend Opium geraucht hatte. Ich war also voll drauf, jedoch ließen die Spannung und die Aufregung des Schmuggelns jegliches Bedürfnis nach Opium oder Haschisch gar nicht erst aufkommen. Ich wusste, dass ich hellwach bleiben musste, und erreichte nach drei Tagen Fahrt mit Zug, Bus und per Anhalter in den verschiedensten Trucks endlich die Bundesgrenze von Goa. Ich hatte

diese drei Tage und Nächte so gut wie überhaupt nicht geschlafen und nur wenig gegessen. Ich spürte während der
ganzen Reise eine übernatürliche Kraft, die ich sowohl
den Mantras als auch der Macht meines Gurus und der
Götter, die ich anbetete, zuschrieb.

16. Wieder in Goa

Als ich mit dem Bus über die Bundesgrenze nach Goa fuhr, dachte ich, jetzt sei alles vorbei. Mitten auf der Strecke wurde der Bus von schwer bewaffneter Polizei gestoppt. Mehrere Polizisten bestiegen den Bus und kontrollierten die Papiere und Gepäck. Ein Polizist schaute sich meine Papiere an und fragte, welche Taschen mir gehörten. Ich zeigte auf meine beiden Taschen und hielt meine Gebetskette demonstrativ in der Hand. Ich war gekleidet wie ein Hindu und mein Lungi war perfekt gewickelt. Auch hatte ich, wie jeden Morgen, meine Waschung getätigt, in einem Tempel geopfert und mir die Tika auf die Stirn gemalt. Freundlich und respektvoll nickte mir der Polizist zu und ging weiter zu den nächsten Passagieren. Wieder hatte ich erlebt, dass die Polizei mich in Ruhe ließ. Der Grund für die außergewöhnliche Kontrolle war ein hoher ausländischer Staatsbesuch in Goa an diesem Tag. Deshalb waren die Sicherheitsmaßnahmen verschärft worden.

Schließlich kam ich in Vagator an und suchte mein Zimmer auf, das ich dort vor Wochen gemietet hatte. Zu meinem Schrecken stand die Tür offen und etwa ein Dutzend Leute saßen in dem Raum. Ich kannte niemanden außer einem jungen Inder aus der Biker-Szene von vor den Chai-shops in Chapora, einem kleinem Ort nicht weit von Vagator Beach. „Hey", sagte er zu mir, „der Raum ist an jemanden anderes vermietet worden. Der Eigentümer hat das Zimmer räumen lassen, da du nur bis Ende November die Miete bezahlt hattest." Es war aber mittlerweile der achte Dezember.

Trotz Jeans und Hemd, die der junge Inder trug, hatte er

eine Tika auf seiner Stirn. Das war mir ein Hinweis, dass er am Morgen seine Puja,* seine Opfergaben, abgehalten hatte und außerdem wusste ich von dem ungeschriebenen Gesetz, dass ein Sadhu einem anderen Sadhu helfen musste. Man konnte sich, wenn man die Hilfe verweigerte, den Zorn des anderen Gurus zuziehen. Ganz besonders groß war das Risiko vor allem dann, wenn man die Macht der Götter des anderen Gurus nicht einzuschätzen wusste. Waren diese nämlich mächtiger als die eigenen, konnte es heftige Probleme geben. Dann hatte man keinen Schutz vor dem Zorn der Götter und Dämonen des anderen. „Ich muss dich unter vier Augen sprechen", sagte ich deshalb zu ihm. Er stand auf und kam nach draußen. Wir gingen ein paar Schritte und ich erklärte ihm meine Situation: „Du musst mir helfen, das Opium auf den Markt zu bringen", sagte ich ihm. „Damit will ich nichts zu tun haben", entgegnete er, „das ist mir viel zu gefährlich, und mit der Power …", er meinte damit die geistigen Mächte, aber auch die Verstrickungen mit Polizei und Drogenmafia, die es zur Folge haben könnte, „… mit der Power will ich nichts zu tun haben! Ich kann das Opium für dich sicher verstecken, doch verkaufen werde ich davon kein Gramm."

Er nahm mir die Tasche mit dem Opium ab und verschwand damit. Ich wusste, wo er wohnte und auch, dass ich ihm vertrauen konnte. Die Macht meines Gurus und der Einfluss, den seine Götter auf andere Personen ausübten, war spürbar. Die Götter, die ich anbetete,

---

*Als Puja wird die Opfergabe und die Anbetung, die Zeremonien für die Gottheiten bezeichnet, welche verehrt werden.

waren sehr mächtig und es waren auch diejenigen, die den zeremoniellen Konsum von Rauschmitteln erlaubten, um den Weg der Erleuchtung zu gehen. Doch paradoxer Weise hatte ich mit Hilfe der Mantragebete nicht nur die ganze Reise wunderbar gemeistert, ich hatte auch gleichzeitig einen Opiumentzug durchgestanden. Ich wurde immer wacher und wachte aus meinem wochenlangen Dämmerzustand langsam auf.

Als mir bewusst wurde in was für einer Situation ich war, bekam ich große Angst und sagte mir: „Was mache ich hier eigentlich? Ich tue Dinge, die ich nie tun wollte! Das Ganze wird mir eine Nummer zu groß." Ich wollte doch nie den Handel mit harten Drogen. Ich wollte nicht süchtig werden. Ich war plötzlich in kriminelle Handlungen verstrickt, die gegen meine früheren Überzeugungen waren. Ich hatte mich von meinen ursprünglichen Einstellungen entfernt, dem friedlichem Haschischrauchen und hatte mich dem Stress mit Handel und kriminellen Machenschaften von Drogen ausgesetzt.

Ich befand mich ja in einer gefährlichen Situation. So einfach konnte ich das Opium hier nicht an die Touristen verkaufen. Sobald jemand von der ortsansässigen Mafia mitbekäme, dass ich Stoff verkaufte, den ich nicht von ihnen bezogen hatte, würden sie mich entweder ausrauben oder zusammenschlagen, wenn nicht sogar ins Meer schmeißen oder die Polizei auf mich hetzen. Zehn Jahre Gefängnis wären mir sicher. Und ob man zehn Jahre Gefängnis als Westler in Indien überleben würde, bezweifelte ich. Ich war völlig durcheinander, was sollte ich nur machen? Ich fühlte mich wie ein willenloser, seiner

Seele beraubter Zombie*, ich war wie zu einer Marionette geworden, die jeglichen Bezug zur Realität verloren hatte.

Ratlos und völlig übermüdet suchte ich den christlichen Aschram auf, den John mir damals gezeigt hatte und wo wir wiederholt gegessen hatten. Mein Geld war so gut wie aufgebraucht. Zwar hatte ich noch ein paar hundert Gramm Marihuana bei mir, aber nur noch wenige Rupien. Hier würde ich wenigstens kostenlos übernachten können.

Als ich den Aschram betrat, erkannten mich einige Leute dort wieder. Doch niemand bedrängte mich oder sprach mich bezüglich meiner Wesensveränderung an. Liam, ein junger Volontär, nicht viel älter als ich, zeigte mir einen Platz, wo ich auf einer Baumwollmatte auf dem Fußboden der Veranda schlafen konnte. Als er meinen Namen erfuhr, erinnerte er sich, dass ein Brief für mich angekommen war. Der war von meiner ältesten Schwester und ich steckte ihn erst einmal weg. Es war Mittag und sehr heiß. So nahm ich eine Dusche, wozu ich mir zuerst einen Eimer Wasser aus dem Brunnen zog. Danach bekam ich eine Kleinigkeit zu essen und legte mich hin. Ich öffnete den Brief, den meine Schwester mir geschrieben hatte: Zuhause würden sich alle viele Sorgen um mich machen, schrieb sie und beendete den Brief mit dem Satz: „Ich bete für Dich." Mich überfiel eine große Schwere, unter der ich letztlich einschlief.

*Zombies (in Haiti) sind Individuen, die man künstlich mit einem Gift in einen Scheintodzustand versetzt, beerdigt, dann wieder ausgegraben und geweckt hat und die daraufhin folgsam wie Lasttiere sind, da sie ja gutgläubig annehmen müssen, dass sie tot sind. Durch regelmäßige Gaben von Atropin wurde ihr willenloser Zustand als Zombies aufrechterhalten.

Gegen Abend wurde ich durch Singen wach: „Om Shakti, Om Shakti, Om Shakti Om, Pitro Shakti, Patra Shakti, Putra Shakti Om"* Es war die Gemeinschaft des Aschrams, die alle unter einem Geflecht aus Palmenblättern auf einer gefliesten Terrasse in einem großen Kreis auf Matten saßen. In der Mitte waren zwei kleine Tische aufgestellt, auf denen eine große Schale mit Brot und ein Topf mit Grießbrei standen. Daneben ein großer Teekessel und ein Tablett mit Tontassen.

Ich hatte einige Stunden Schlaf nachgeholt, fühlte mich aber dennoch wie gerädert. Meine Gedanken kamen nicht zur Ruhe. Anand, der Priester, sah mich und lud mich ein, in dem Kreis Platz zu nehmen. Ein Mädchen, Jane aus Irland, brachte mir einen Teller mit Brei, ein Stück Brot und eine Tasse Tee. Dankbar nahm ich den Teller entgegen und aß, obwohl ich keinen großen Appetit verspürte.

Die Gemeinschaft bestand aus unterschiedlichsten Leuten, für die ich mich aber im Moment nicht interessierte. Ich fragte Anand, ob er etwas von John gehört habe, und er erzählte mir, dass er vor einigen Tagen kurz da gewesen, dann aber wieder abgereist sei.

„Also hat er mein Zimmer geräumt", dachte ich bei mir, „dieser verfluchte Hund hat mir auch noch meine Sachen gestohlen."*

*Der Text im christlichen Kontext übersetzt: Preis dem allerhöchsten Gott, Preis dem Gott unserer Väter, Preis dem Herrscher über alles, Preis dem siegreichen Gott.

*Ein halbes Jahr später tauchten die Sachen im Lager, hinter der Bücherei des Aschrams auf. Meine Ledertasche, meine Kleidung und meine Bücher waren total verschimmelt und mein Essgeschirr aus Metall war verrostet, durch die hohe Luftfeuchtigkeit des Monsuns.

17. Der Brunnen

Während ich noch meinen Tee trank, setzten sich zwei Schweizer, Martin und Daniel, zu mir. Sie wohnten außerhalb des Aschrams und waren nur zum Abendessen gekommen. Wir kamen auf das Kiffen zu sprechen, und da ich noch Marihuana dabei hatte, beschlossen wir, in ihr Zimmer zu gehen, das nur einige hundert Meter entfernt war. Wir rauchten einige Joints und unterhielten uns über unsere Erfahrungen in Indien. Nach einigen Stunden, es war schon Nacht geworden, verabschiedete ich mich von Martin und Daniel. Ich schnappte meine Tasche und meine Decke, die mir als Umhang diente, und machte mich auf den Weg zurück zum Aschram.

Draußen war es völlig finster. Es war Neumond. Die Nacht war sternenklar, aber man konnte kaum die Hand vor den Augen sehen. Dazu war ich noch völlig angeturnt. Das waren die ersten Joints nach drei Tagen und sie knallten stärker rein, als ich gedacht hatte. Vorsichtig tapste ich vorwärts, ohne zu merken, dass ich vom Weg abkam.

In den letzten sechs Wochen war ich viel barfuß gelaufen. So auch an diesem Abend und es machte mir nichts mehr aus. Doch plötzlich durchzuckte mich ein heftiger Schmerz an meinem Fuß. Ich war gegen einen Felsbrocken gestoßen, verlor das Gleichgewicht und stürzte nach vorne in etwas tiefes Dunkles hinein.

Eine furchtbare Todesangst überfiel mich und mein Leben lief innerhalb eines Bruchteils von Sekunden vor meinen Augen ab. Ich dachte nur noch: „Dies ist das Ende." Da machte es „platsch", „Was war das?" Ich fand mich in einem dunklen Wasserloch wieder. Im wahrsten

Sinne des Wortes: „Das Kind war in den Brunnen gefallen" und: „Mir stand das Wasser bis zum Halse." Panik erfasste mich, als ich realisierte, dass ich in einen Brunnen gestürzt war. Ich versuchte zu spüren, ob ich mir Verletzungen zugezogen hatte. Erleichtert stellte ich fest, dass ich meine Arme und Beine noch bewegen konnte!

Mit einem Schlag war ich wieder stocknüchtern. Halb schwimmend, halb stehend fischte ich nach meinen Sachen, nach meiner Umhängetasche und der Decke. Zum Glück hatte ich meine Brille beim Sturz nicht verloren. Ich starrte durch das Loch über mir und sah die Sterne funkeln.

Wie sollte ich da wieder herauskommen? Meine Gedanken überschlugen sich und meine Gefühlswelt war in diesem Moment ein einziger Brei. Angst, Verzweiflung, Scham, Ratlosigkeit, vermischt mit einem Gefühl der Erleichterung, dass ich noch am Leben war, alles durcheinander. Mir war zum Heulen zumute. „Jetzt bloß einen klaren Kopf behalten!", sagte ich mir und versuchte mich damit selbst zu beruhigen. Fieberhaft suchte ich nach einem Ausweg. Ich versuchte, um Hilfe zu rufen, doch meine Stimme versagte und ich brachte keinen Ton heraus. Ich versuchte, hoch zu hüpfen und mich, an die Wände stemmend, hoch zu klettern, um den Brunnenrand zu erreichen, doch keine Chance. Er war zu hoch und zu breit.

Da erinnerte ich mich an den Brief meiner Schwester und daran, dass sie für mich betete. Unvermutet hatte ich ein Bild, nämlich das der betenden Hände von Albrecht Dürer innerlich vor Augen. Dann war mir, als wenn diese

Hände eine überdimensionale Größe bekämen und sich um mich herum legten. Eine Wärme und ein Gefühl der Geborgenheit durchströmten mich. Das war in dieser Situation völlig absurd. „Wo kommt das auf einmal her?", fragte ich mich. Noch einmal versuchte ich, die nasse Wand hoch zu klettern. Dieses Mal gelang es mir, wie ein Wiesel aus dem etwa vier Meter tiefen Brunnen heraus zu steigen. Dabei hatte ich das Gefühl, von den zwei Händen hochgehoben zu werden. Ich konnte es nicht fassen und war echt verwundert. Wie ging denn das auf einmal zu?

Triefnass ging ich zurück zu dem Appartement der Schweizer und klopfte laut und in Panik an deren Tür. Mir war kalt und ich zitterte wie Espenlaub. Endlich, nach mehrmaligem Klopfen machte mir Martin auf. „Was ist mit dir denn los?" fauchte er mich genervt an. Als er aber sah, dass ich sprachlos und völlig durchnässt war, zog er mich ins Zimmer. Er legte mir eine trockene Decke um und ich erzählte kurz, was mir passiert war.

„Beruhige dich wieder", sagte er nur und baute mir einen Joint. Er zündete ihn für mich an und schickte mich damit wieder Richtung Aschram. Martin und Daniel schienen überhaupt nicht begriffen zu haben, was mir da eben passiert war. Wahrscheinlich waren sie selbst viel zu bekifft. Willenlos schlug ich den gleichen Weg noch einmal ein. Diesmal kam ich nicht davon ab und erreichte schließlich das Tor zum Aschram, das zum Glück nicht verschlossen war. Hier warf ich, was ich noch nie in meinem Leben gemacht hatte, den Joint weg. Haschisch war doch für mich ein Heiligtum und ich rauchte die Joints sonst immer bis zum Filter zu Ende.

Jetzt erst merkte ich Schmerzen im Fuß. Sie wurden immer stärker. Humpelnd und stöhnend kämpfte ich mich zu meinem Verandaplatz vor. Um Schmerzen zu verhindern zog ich vorsichtig und umständlich meine durchnässten Sachen aus und wickelte mich in meine Decke. Jim, der auch Gast im Aschram war, schlief ebenfalls auf der Veranda. Er war schon über 40 und sah aus wie 60, war schwer opiumabhängig und im Moment ohne Stoff. Genervt fragte er mich, was los sei, nur um mich sogleich aufzufordern, Ruhe zu geben. Ihn interessierte es gar nicht, was mir passiert war.

Ich war verzweifelt, ich wusste und spürte einfach, dass ich wegen der ganzen Drogengeschichte in einer für mich unüberschaubaren Situation steckte, der ich völlig hilflos ausgeliefert war. Unter dem frischen Eindruck des wunderlichen Brunnenerlebnisses erinnerte ich mich an den Gott meiner Kindheit. Mir schoss das Gebet durch den Kopf, das meine Mutter manchmal mit mir gebetet hatte, als ich etwa drei Jahre alt war:

„Ich bin klein,
mein Herz ist rein,
soll niemand drin wohnen
als Jesus allein!"

Bisher hatte ich nie daran gezweifelt, dass es einen Gott gibt, aber ich hatte bezweifelt, dass es der christliche Gott ist. Es konnte auch ein Hindugott sein oder „das Göttliche", von dem Buddha schrieb. Auch schon in der Schule hatte mich der Hinduismus viel mehr angesprochen, er war für mich viel mystischer. Jetzt auf einmal aber wurde mir klar, dass es der christliche Gott ist. Er hatte mir als er mir aus dem Brunnen heraus half, gezeigt, dass er mich so annahm und liebte wie ich war ohne jegliche Bedingung. Dieser Gedanke war mir in dem Moment wie ein rettender Strohhalm. Tief ergriffen betete ich aus meinem Innersten heraus:

… soll niemand drin wohnen als Jesus allein! Gott, ich weiß, dass es dich gibt, aber hilf mir jetzt, dass ich an dich glauben kann und wohne in mir, füll das Loch, das Drogen in mein Herz gefressen haben, mit der Liebe Jesu." Verzweifelt stammelte ich noch ein „Vaterunser", bis ich von meinen Schmerzen überwältigt wurde.

Anand, der in dem angrenzenden Zimmer zur Veranda schlief, wurde wach von meinem Gestöhne. Er und Liam brachten mich ins Haus und legten mich in ein Bett. Karuna, eine irische Nonne, die auch Krankenschwester war und mit dem Priester den Aschram leitete, versorgte meine Wunden und gab mir etwas gegen die Schmerzen. Ich war so unter Schock, dass ich zwei Tage nur im Bett lag und mich kaum traute, aufzustehen oder unter Menschen zu gehen.

Liam brachte mir immer wieder zu essen und kümmerte sich um mich. Er hörte sich meine Geschichten an und betete still für mich.*

---

*Als ich den Brunnen mit Liam zusammen zu einem späteren Zeitpunkt noch einmal aufsuchte, konnten wir uns nicht erklären, wie ich es ohne Hilfe geschafft hatte, da heraus zu klettern, zumal ich kein Free-climber war und dazu noch drei gebrochene Zehen hatte.

Am dritten Tag nach dem Sturz wachte ich morgens auf und hörte wieder liebliches Singen. Ich humpelte in die kleine Kapelle, wo sich Anand und die Mitarbeiter eingefunden hatten, um die Morgenmesse zu feiern. Ich setzte mich zu ihnen in den Kreis auf den Boden und spürte einen großen Frieden, in dem ich mich sehr geborgen fühlte.

14 Tage nach meinem Unfall feierte ich mein erstes Weihnachten unter Palmen. Aber auch zum ersten Mal hatte Weihnachten für mich eine Bedeutung bekommen. Ich realisierte langsam, dass es um Jesus ging, konnte das Ganze aber noch nicht einordnen. Doch nach und nach begriff ich mehr ...

Maria, eine junge Frau aus Deutschland, die außerhalb des Aschrams wohnte, aber des Öfteren am Morgen zur Messe kam, erzählte mir ständig von Jesus. Sie war auch ein Hippie und lebte schon seit einigen Jahren in Goa in einem großen Haus, das sie gemietet hatte. Sie bedrängte mich immer, ich solle doch „Buße tun", meinen bisherigen Lebenswandel im alten Jahr zurücklassen und mit Gott einen neuen Anfang machen. Aber wofür, dachte ich. Ich war mir doch keiner Schuld bewusst. „Wem gegenüber auch? Vielmehr bin ich ein bedauernswertes Opfer, dem es dreckig geht. Wofür sollte ich denn Buße tun?" Ich hatte eher das Empfinden, dass andere an mir schuldig geworden waren.

Langsam kam ich wieder zu Kräften – und an einem Morgen wurde mir klar, dass ich von dem ganzen Drogenkonsum loskommen musste, um frei zu werden.

Fest entschlossen nahm ich den Beutel mit dem restlichen Marihuana und das kostbare Schillum mit dem Ganesha-Motiv und begab mich Richtung Meer. Es war früh am Morgen und außer vereinzelten Fischern in ihren Booten war niemand am Strand. Mit aller Kraft schleuderte ich das Schillum weit ins Meer hinaus. Das Marihuana schüttete ich in die leichte Brandung. Ich spürte innerlich eine Befreiung und war erleichtert. Ich merkte, es ging in die richtige Richtung. Freude kam in mir auf, wie ich sie schon lange nicht mehr erlebt hatte, und tiefer Friede umgab mich.

„Doch was mache ich mit dem ganzen Opium?", fragte ich mich. Es war viel zu riskant, diese Menge zu holen, was ich am liebsten getan hätte, um alles ins Meer zu werfen. Doch das Risiko, erwischt zu werden und dann für zehn Jahre ins Gefängnis zu wandern, war einfach viel zu groß. Also ließ ich es an dem mir unbekannten Ort, wo es mein Indischer Freund vergraben hatte.

Es war Silvesterabend und mich überfiel mal wieder eine heftige Melancholie. Die Ungewissheit, wie ich weiterleben sollte, quälte mich. Anand schickte die Leute am liebsten so schnell wie möglich wieder nach Hause. Goa war eben gefährlich mit seinen Drogen und der damit verbundenen Kriminalität. Das hätte für mich aber geheißen, zurück nach Deutschland, wogegen ich mich innerlich stark sträubte. Doch wovon sollte ich hier leben können, ich hatte ja kein Geld mehr.

Martin und Daniel kamen weiterhin ab und zu in den Aschram zum Essen vorbei. Wir verabredeten uns für diesen letzten Abend im Jahr, um nach Chapora zu gehen und in einer Taverne etwas zu essen. Meine letzten Rupien reichten gerade noch für das Schnitzel, das ich mir bestellte. Wir kauften uns zu dritt eine Flasche Bier dazu und teilten sie uns. Auf dem Rückweg von Chapora nach Vagator Beach kamen wir ins Gespräch über den Aschram, und Martin schimpfte ausgelassen über Anand und dass er versuche, den Leuten die Freude an den Goapartys zu verderben und überhaupt: Was sollte das alles hier? Für ihn war es ein offensichtlicher Versuch, Menschen zu manipulieren und sie in ein religiöses Schema zu pressen.

Das mochte vielleicht vordergründig so wirken, doch hatte ich es ganz anders erlebt. Ich erzählte von meinen Erfahrungen, dass unabhängig von Anand der Aschram etwas Besonderes an sich habe und ich an diesem Ort vielmehr eine geistige Kraft verspüre, die mir Liebe und Frieden vermittele. „Lass mich mit eurem religiösen Kram in Ruhe, das macht die Leute doch nur verrückt!" sagte Martin verärgert und ging einige Schritte schneller als Daniel und ich.

Auf dem Weg zu Martins und Daniels Unterkunft kamen wir am Aschram vorbei. Wir wollten gar nicht hineingehen, doch saß die ganze Gemeinschaft beim Abendessen in der Runde und wir wurden freundlich herbei gewunken. „Das ist blöd, wenn wir jetzt einfach vorbeilaufen", sagte ich zu den beiden.

„Lasst uns auf einen Tee bleiben!"

Sue wies uns auf drei leere Sonnenstühle, in denen wir Platz nahmen, als wir dankend das Abendessen ablehnten. Sie brachte jedem von uns eine Tasse Chai. Nach einigen Minuten durchströmte mich eine heftige Kraft, wie ein elektrischer Strom, ich wurde von einer wohligen Wärme durchströmt, die mit einem Gefühl des Friedens begleitet war. Ich schaute verwundert zu Martin und Daniel hinüber. Auch sie lagen in ihrem Liegestuhl und „zitterten" am ganzen Körper.

„Was geht denn hier ab!", rief Martin mit banger Stimme. „Haben die uns etwas in den Tee getan?" „Nein, ganz bestimmt nicht, das würden die nicht machen", gab ich zur Antwort. „Aber hatte ich dir nicht vorhin schon gesagt, dass an diesem Ort etwas Besonderes vor sich geht?"

Ich redete weiter und hörte mich Dinge über den Glauben an Gott und über Jesus sagen, die ich vorher überhaupt nicht gewusst hatte. Ich war selbst darüber erstaunt, ich hatte das Gefühl, jemand anderes spräche durch mich und ich hörte mir selbst dabei zu.

Daniel sprang plötzlich auf und lief in den Garten, wo er sich auf die Wiese legte. Martin und ich blieben in unseren Liegestühlen liegen. Wir waren immer noch wie unter Strom. Nach einiger Zeit kam Daniel aufgeregt zurück und rief: „ Ich glaub ich spinne! Ich lag wie Jesus bei der Kreuzigung mit ausgebreiteten Armen auf dem Boden und spürte plötzlich wie nahe er mir ist."

In der Zwischenzeit war das Abendessen beendet und die Runde löste sich langsam auf. Anand, der normalerweise immer genau wusste, was er wollte und auch immer etwas zu tun hatte, ging orientierungslos vor unseren Liegestühlen auf und ab. Schließlich sprach ich ihn an und fragte: „Anand, können wir dich einen Augenblick sprechen?" Er spürte, dass es um etwas Wichtiges ging und wir begaben uns zu viert in Richtung Kapelle, die im hintersten Raum des Aschrams eingerichtet war. Je näher wir diesem Raum kamen, desto stärker wurde ich von diesem Strom des Friedens und der Liebe durchflutet. In der Kapelle war diese Kraft dann so mächtig, dass ich nicht mehr stehen konnte und auf meine Knie fiel. Den anderen ging es ähnlich. „Was kann ich für euch tun?", fragte Anand. Wir erzählten ihm, was wir soeben erfahren hatten und ich betonte: „Anand, ich will Buße tun!" Jetzt wusste ich, was all die Jahre nicht richtig gewesen war vor Gott:

Ich betete: „Gott, bitte vergib mir, dass ich dich so lange in meinem Leben ignoriert habe."

Ja genau, jahrelang hatte ich versucht, mir einen Gott so zu stricken, wie ich dachte, dass er sein sollte. Doch das ging kräftig in die Hose. Mir fielen plötzlich mehrere Personen der vergangenen Jahre ein, die für mich gebetet hatten und noch beteten. Da waren zwei Mädchen aus meinem Krankenpflegekurs und ein über 100 Jahre alter Mann im Altersheim. Sie hatten mir auch von Jesus erzählt, aber ich hatte sie immer geschickt niedergeredet.

Auch wurde mir mit Schrecken klar, dass ich durch den Drogenkult und durch die Anbetung von Hindugöttern mein Leben sozusagen an den Teufel verschrieben hatte. Ihm hatte ich durch die Zeremonien, welche ich als

Hindu täglich abgehalten hatte, gehuldigt. Durch die Mantras, Drogen und die Hingabe an diese Gottheiten oder nennen wir es Dämonen, die sich als niedlicher Elefant „Ganesha" und als cooler Freak oder exotisch als glückverheißender Gott Shiva darstellten, hatte ich zunehmend meine Identität verloren und das Gefühl erhalten, von anderen Kräften gesteuert zu werden.

Ich wusste jetzt, was Maria gemeint hatte, als sie sagte: „Du musst unbedingt noch in diesem alten Jahr Buße tun und das neue auch neu beginnen."

Martin und Daniel sagten nicht mehr viel. Anand sprach für uns noch ein Gebet zur Absolution, zur Lossprechung von unseren Sünden und erteilte uns seinen Segen.

Ich spürte, wie zentnerschwere Lasten von meinen Schultern fielen und fühlte mich frei und unbeschwert, wie ein geliebtes kleines Kind. Mir war, als ob ich 30 Zentimeter über dem Boden schwebte. Und das ohne jegliches Rauschgift. Diese Unbeschwertheit hatte ich als Kind nur allzu selten gehabt. Aber die Hoffnung darauf war immer irgendwie in meinem Herzen geblieben.

Als wir nach draußen kamen hörten wir, wie Liam auf der Gitarre Kinderlieder spielte – und es entsprach genau der Stimmung, in der ich mich befand. Ich spürte, dass ich Zuhause angekommen war. Das war es, wonach ich gesucht hatte. Jetzt wollte ich erst recht nicht wieder nach Deutschland zurück. Das, was ich gefunden hatte, wollte ich nicht wieder verlieren.

18. Om Yeshu Niketan

Unter den Freaks war der Ruf des Aschrams nicht besonders gut. Für sie war Anand so etwas wie ein Spion, ein Spion der Eltern, die ihre erwachsenen Kinder (Teens und Twens) in Indien vermissten. Anand machte nämlich etliche von ihnen in Indien ausfindig, nicht nur in Goa, sondern auch in Poona, wo er des Öfteren durch sein Priesteramt zu tun hatte. Dort fand er so manchen Aussteiger, der sich verbittert von den Eltern in Europa abgewandt und sich der Glückseligkeit von Bhagwan hingegeben hatte. Anand vermittelte nicht selten an sie Grüße und Sorgen ihrer Eltern und es gab dann doch etliche, die auf die Hilfe von Anand zurückgriffen, wenn die Dinge nicht mehr so liefen, wie es gewollt oder geplant war.

Anand (sein Name bedeutete „der zum glücklichsein Bestimmte") hieß mit bürgerlichem Namen Josef Böckenhoff. Er war Professor der Philosophie und kam aus Deutschland. Eigentlich war er in Indien, um die Priesteranwärter im Priesterseminar der Pallottiner zu unterrichten. Die Not, in der er viele Westler in Goa vorfand, machte ihn sehr betroffen. Etliche waren in Gefängnissen gelandet, meist aufgrund von Drogendelikten, ohne einen Rechtsbeistand oder Ansprechpartner. Andere landeten wegen Drogenpsychosen in der Psychiatrie, litten unter Realitätsverlust und hatten weder Geld, Ausweis noch eine Möglichkeit, dieser Misere zu entkommen.

Mehrmals wöchentlich fuhr Anand los, um die Betroffenen zu besuchen, kümmerte sich um ihre medizinische Versorgung, Pass- und Visumsangelegenheiten, juristischen Beistand, Kontaktaufnahme zu den Familien in der

Heimat und bot manchem eine vorläufige Bleibe im Aschram, den er aus diesem Grund ins Leben gerufen hatte. Mit großer Entschlossenheit setzte Anand sich dafür ein, dass Ausländer in Psychiatrien nicht mehr mit Elektroschocks behandelt wurden, wofür er sogar in Deutschland das Bundesverdienstkreuz erhielt.

Den indischen Behörden war der Aschram allerdings ein Dorn im Auge, weil Anand keinerlei Bakschisch (Bestechungsgelder) locker machte. Ihm wurde unterstellt, dass er Drogenleuten Unterschlupf biete und mit denen wahrscheinlich auch unter einer Decke stecke. Jahre später wurde er sogar des Landes verwiesen, da angeblich durch ihn AIDS nach Indien gekommen sei. Das war natürlich eine bösartige Unterstellung.

Om Yeschu war jedoch ein besonderer Aschram. Er sollte nämlich ein Alternativprogramm zu den Goa Partys für die Rucksacktouristen bieten. Zum täglich angebotenen Programm gehörten morgens die Messe und vorher noch Yogaübungen. In diesem Aschram konnte man kostenlos essen und wohnen. Wenn man länger bleiben wollte, war es erwünscht, sofern man konnte einen kleinen Geldbetrag beizusteuern und sich an den Arbeiten im Garten und Küche zu beteiligen.

Um für meinen Teil beizutragen und auch weil ich gut Brot backen konnte, übernahm ich dies als meine Aufgabe. Die Prozedur war recht aufwendig. Zunächst fuhr ich mit dem Bus nach Mapusa, um Getreide auf dem Markt zu kaufen. Das Getreide füllte ich in große Jutetaschen und fuhr dann mit dem Bus zurück. Bis zur

Bushaltestelle und von dort wieder zurück zum Aschram waren es jeweils gut zwei Kilometer Fußmarsch.

Wieder im Aschram, säuberte ich den Weizen von Spreu und kleinen Steinen. Das war besonders wichtig, um diese nachher nicht im Brot zu haben. Manchmal hatte ich den Eindruck, dass da gut eine Handvoll Steine zusätzlich drunter gemengt wurden, aber so war das halt in Indien (mehr Gewicht – mehr Geld). Den gereinigten Weizen brachte ich nach Chapora zu einer ca. zwei Kilometer entfernten Mühle, um es mahlen zu lassen und anschließend das Mehl wieder zurück zum Aschram zu schleppen und danach zu Brotteig zu verarbeiten.

Im Aschram wurde am Abend der Teig angesetzt. Das Backen nahm dann den ganzen nächsten Tag in Anspruch. Morgens um fünf Uhr aufstehen und den Teig fertig kneten, in die eckigen Backformen legen, um sie gegen sieben Uhr zum ca. zwei Kilometer entfernten Bäcker zu bringen. Anfangs legte ich mir dazu eine Stange über die Schultern und hängte daran rechts und links je eine große Jutetasche mit den gefüllten Blechformen. Später legte ich mir ein Fahrrad zu. Nun konnte ich die Taschen an den Lenker hängen und noch eine auf den Gepäckträger packen. Zwar konnte ich das Fahrrad mit dieser Beladung nicht mehr fahren, sondern nur schieben, aber immerhin war ich damit die Traglast los und somit schneller.

Der Bäcker buk das Brot für mich in der Restwärme seines Ofens und ich zahlte ihm eine Rupie pro Laib dafür. Nachdem ich in der Zwischenzeit zwei Stunden geschlafen hatte, ging es um 11 Uhr wieder zum Bäcker, das gebackene Brot abzuholen und zum Aschram zurück zu transportieren. Das war immer ein Höhepunkt für mich und erfüllte mich mit einem gewissen Stolz, wenn ich die duftenden, ca. ein Kilogramm schweren Brotlaibe nach Hause brachte.

Am nächsten Tag nahm ich einige Laibe mit zum Flohmarkt nach Anjuna und verkaufte sie an die Touristen, meist waren es Deutsche. Vollkornbrot ging ganz gut und war auch sonst nicht so leicht zu bekommen. Anfangs waren es nur circa zehn Kilo Weizen, die ich einmal in der Woche verarbeitete. Nach ungefähr einem halben Jahr waren es schon bis zu 50 Kilo Weizen auf zwei Backtage pro Woche verteilt. Im Aschram gab es nun sogar zwei Brotmahlzeiten am Tag und ich konnte so viel auf dem Markt verkaufen, dass ich noch ein wenig Geld für mich zum Leben übrig hatte.

In der Anfangszeit wollte Anand ja unbedingt, dass ich zurück nach Deutschland fliegen sollte. Ich war jedoch nicht bereit dazu und ging ein Bündnis mit Maria ein. Sie unterstützte mich in meinem Bestreben, in Indien zu bleiben, indem sie mir bei der Suche eines Zimmers behilflich sein wollte. Im Gegenzug sollte ich Maria in ihren Bemühungen unterstützen, Geschäfte in Goa zu machen. Konkrete Pläne dazu gab es da aber noch nicht. Die Koalition zwischen Maria und mir war Anand natürlich ein Dorn im Auge, aber er versuchte zumindest nicht, uns das merken zu lassen.

„Hey Dirk!" rief mich Liam eines Tages. „Da ist Besuch für dich, ein Inder, aber er mag nicht reinkommen." Neugierig ging ich zum Eingangstor des Aschrams und siehe da stand Schu Shakti Giri! Er weigerte sich, den Aschram zu betreten. Dieser sei christlich, sagte er, und das sei ihm nicht erlaubt. „Au Backe", dachte ich bei mir, „was mache ich denn jetzt?" Wir gingen gemeinsam in das in der Nähe gelegene Restaurant „Lilli", bestellten uns einen Chai und saßen einander gegenüber. Ein großes Unbehagen überkam mich. Mir wurde bewusst, dass ich mich ihm ja zum bedingungslosen Gehorsam verschrieben hatte. Bis zu meiner Rückkehr in Goa stand es für mich außer Frage, ihm Folge zu leisten. Wie ein Kind, das die Handlungen seiner Eltern bis zur Pubertät nicht in Frage stellt, so hatte auch ich mein Vertrauen in ihn als meinen Guru nicht in Frage gestellt. Doch jetzt, was sollte ich jetzt nur machen? Dass mein Guru mir nachreiste, damit hatte ich nun überhaupt nicht gerechnet.

„Warum hast du mir kein Geld für die Zugfahrt geschickt?", fragte er, und was ist mit dir passiert? Wie bist du gekleidet?" Und ich erzählte ihm, dass ich nun einen neuen Weg für mich gefunden und nichts mehr mit dem Hinduismus zu tun haben wolle. Zuerst glaubte er mir nicht, doch als ich ihm dann erzählte, dass ich keine Drogen mehr besäße, das Schillum ins Meer geworfen hätte und außerdem auch wieder Rindfleisch äße, war die Beziehung schlagartig gelöst und beendet.

Sichtlich traurig und enttäuscht stand Schu Shakti Giri auf und zog nach einem kurzen Abschied von dannen. Ihm war bewusst geworden, dass ich nun mit einer anderen Macht in Verbindung stand. Ich war über mich selbst erstaunt, mit welcher Überzeugung es mir gelungen war, ihm das klar zu machen. Es war das letzte Mal, dass ich ihn sah.

Mittlerweile näherte sich der Tag, an dem mein halbjähriges Touristenvisum ablief. Das hieß für mich, dass ich nicht mehr im Aschram wohnen durfte. Ein Aufenthalt dort ohne Visum, hätte unter Umständen die Schließung zur Folge gehabt.

Ich mietete mich bei Marias Landlady, also ihrer Vermieterin, ein und bezog dort ein schönes großes Zimmer, in dem ich eine Kochecke einrichten konnte. Dazu hatte ich auch noch eine herrliche Veranda, auf der ich es mir gerne bequem machte. So hätte ich mich dort sehr wohl fühlen können, wenn mir nicht ständig der Gedanke an das fehlende Visum im Kopf herum gekreist wäre. Ich hatte Angst! Angst, von der Polizei kontrolliert zu werden und ins Gefängnis zu müssen. Ich wusste von Fällen, wo die Haftstrafe mehrere Jahre betragen hatte. So ein Desaster drohte einem besonders dann, wenn man kein Geld besaß, um sich freizukaufen.

Inzwischen war ich neun Monate im Land und somit drei Monate illegal in Indien. Eines Tages beschlossen Maria und ihre Landlady, zusammen nach Bombay zu reisen. Sie würden eine Woche unterwegs sein, und ich übernahm die Aufgabe, nach dem Haus zu sehen und die insgesamt vier Hunde zu versorgen. Für sie kochte ich täglich eine entsprechende Menge Reis.

Als die beiden weg waren, überkam mich wieder „meine" heftige depressive Stimmung: Illegal im Land und falls ich Indien verlassen würde, kein Zuhause, keine Perspektive, kein Geld, was mache ich hier überhaupt? Das Gefühl des Verlassenseins und der Ausweglosigkeit in dieser Situation überkam mich sehr heftig. Gleichzeitig wurde ich darüber so wütend, dass ich Becky, Marias Schäferhundmischling, dermaßen verprügelte, bis sie vor Angst davonlief. Ich bereute meinen Ausraster sehr und suchte Becky, doch konnte ich sie nicht mehr finden. Da stieg ich auf den nächsten Hügel und war der Verzweiflung nahe.

In meiner Verzagtheit ging ich auf das weiß getünchte Betonkreuz zu, das vor mir an dem höchsten Punkt des Hügels aufrichtet war. Ich kletterte auf den Sockel. Das Kreuz selbst hatte in etwa meine Größe und ich stellte mich an das Kreuz und blickte über den weiten Palmenhain vor mir, hinaus auf das endlos erscheinende Meer. Ich breitete meine Arme auf dem Kreuz aus, das wie für mich gemacht zu sein schien. Nun stand ich da wie der Gekreuzigte und schrie laut zu Gott: „Hier hast du mein Leben, mach damit, was immer du möchtest!" Weinend brach ich zusammen und kniete schließlich vor diesem Kreuz, das ich eng umschlungen hielt. „Ich lasse dich nicht eher los", betete ich, „bis du mir eine Antwort gibst!"

Ich kann nicht mehr sagen, wie lange ich in dieser Position verharrte, aber als ich mich wieder aufrichtete, ging es mir besser. Ich machte mich auf in Richtung Aschram, denn ich brauchte jetzt unbedingt Menschen um mich herum. Auf dem Weg dorthin hörte ich innerlich Gott zu mir reden – so klar und so freundlich, dass ich sofort wusste, dass es Jesus war, der zu mir sprach: „Der Teufel hatte einen Plan für dein Leben, aber ich habe einen besseren für dich!" Tiefer Friede erfüllte mich. Es zeichnete sich eine Richtung für mich ab und ich bekam neue Hoffnung.

Als ich später zurück zu meinem Haus kam, warteten Becky und die anderen Hunde auf mich. Ich war froh und erleichtert. Die freudige Begrüßung von Becky war wie ein: „Ich habe dir vergeben!"

In der folgenden Nacht hatte ich einen Traum: Ich war mit vielen Freaks auf dem Flohmarkt in Anjuna. Schöne Palmen, die Sonne schien und plötzlich rief jemand „eine Razzia!" Als ob ein mächtiger Fuß in einen Ameisenhaufen getreten hätte, rannten alle durcheinander auf der Suche nach einem Versteck. Ich verkroch mich in die Kabine eines parkenden, nicht verschlossenen LKWs. Nachdem ich einen Moment darin gehockt hatte, dachte ich mir: „Such dir lieber ein anderes Versteck, da wo du jetzt bist, schaut die Polizei doch bestimmt zuerst nach!" Also verließ ich meinen Schlupfwinkel und versuchte, einen neuen zu finden. Aber überall, wo ich hinkam, waren schon andere Leute, die sich versteckten. Also lief ich zurück zu dem LKW. Doch, oh Schreck, auch hier war jetzt alles voll. Mittlerweile waren dort so viele Leute in der Kabine, dass ich keinen Platz mehr darin fand. Ängstlich und allein stand ich auf dem großen Platz, der von Palmen umgeben war. Alles war still und kein Laut war zu hören. Die Spannung stieg so sehr an, dass ich das Gefühl hatte, gleich gibt es einen großen Knall. Es war kaum zum Aushalten. Da sah ich eine Gestalt in einem weißen Gewand, die auf mich zukam. Ich konnte das Gesicht nicht erkennen. Sie trug ein großes Paket in der Hand, streckte es mir entgegen und sagte: „Zieh das an!"

Schweißgebadet wachte ich auf. Ich wusste, das war kein normaler Traum, sondern eine persönliche Begegnung mit Jesus. Der Frieden, den ich empfand, war unglaublich stark und anhaltend. Ich fühlte mich sicher und geborgen und mir war klar, dass die weißen Kleider in diesem Paket mein neues Leben – jetzt mit Christus bedeuten sollte. Außerdem war auch noch eine weitere Botschaft für mich in dem Traum enthalten, und wieder hörte ich die innere Stimme in mir sagen: „Du wirst verhaftet und ins Gefängnis kommen, aber habe keine Angst, ich bin bei dir!"

19. Verhaftet

Es war später Vormittag, ich kochte gerade Dal (ein Linsengericht) und Reis für mich und für die Hunde. Da hielt plötzlich ein Jeep vor dem Haus. Zwei Polizisten sprangen heraus und kamen direkt auf mich zu. Sie wollten meinen Ausweis sehen. Ich hatte ihn nicht bei mir, sondern zur Sicherheit im Safe des Aschrams deponiert. Ich befürchtete auch, wenn ich den Ausweis aus der Hand gäbe, wäre ich sowieso geliefert. Die Polizisten ließen mich das Essen nicht mehr zu Ende kochen. So musste ich die Gasbrenner ausstellen. Dann packte ich meine persönlichen Sachen und meine kleine Bibel ein, die Maria mir geschenkt hatte, und schloss die Türen des Hauses zu. Ein Polizist legte mir Handschellen an und ich stieg in den Jeep. Die Polizisten waren freundlich zu mir und brachten mich in die sogenannte Lock-up-Sektion nach Mapusa. Das war so etwas wie ein Untersuchungsgefängnis, in dem die Gefangenen vor einer Verurteilung untergebracht wurden.

Ich konnte es nicht fassen und wollte es nicht wahrhaben. Ich wurde einfach meiner Freiheit beraubt. Gut, dass Maria und die Landlady in ein paar Tagen wiederkommen würden. Die Hunde waren nun sich selbst überlassen. Dummerweise war Anand ausgerechnet jetzt für mehrere Wochen verreist und da konnte ich nicht so bald auf Hilfe durch ihn hoffen.

In Mapusa wurde ich dem Gefängnisvorsteher vorgestellt. Er war Christ, das vermutete ich wegen des Kruzifixes an der Wand hinter seinem Schreibtisch, auf dem ich meine ganze Habe ablegen musste. Mein Zahnputzzeug, die Bibel und ebenso meine Kleidung durfte ich behalten.

Meinen Gürtel und ein paar Rupien, die ich noch hatte, wurden mir allerdings abgenommen.

Irgendwie hatte ich die Hoffnung, dass Gott mit mir ist und mir kam der Gedanke, den Direktor nach Herrn De Souza zu fragen, den ich von dem Gebetskreis kannte, zu dem mich Maria immer am Mittwoch mitgeschleppt hatte.

„Kennen Sie Mr. De Souza", fragte ich den Gefängnisvorsteher. Tatsächlich kannte er ihn von seiner Kirche her und er erklärte sich bereit, ihm von meiner Inhaftierung zu berichten.

Daraufhin wurde ich in eine winzige Zelle gebracht, in der nur gerade sechs Personen Platz hatten. Es waren schon fünf weitere Personen in der Zelle und sie war somit voll. Nicht ein einziges Möbelstück befand sich in dem Raum. Auch Betten gab es keine, nur Baumwollmatratzen, die auf dem Boden lagen. Außerdem gab es Laken, eins für die Matratze und eines zum Zudecken. Da die Zelle nur ein kleines Fenster unter der Decke hatte, das etwa 40 mal 40 Zentimeter maß, kam kaum Licht hinein. Dazu war es noch vergittert. Die Tür der Zelle hatte ebenfalls nur eine kleine vergitterte Luke.

Meine Zellenkollegen, alles Inder, staunten nicht schlecht, als sie mich blonden Jüngling zu sich auf die Zelle bekamen. Verständigen konnten wir uns nicht, da niemand von ihnen Englisch sprach.

Das Essen war recht kärglich. Es gab mittags und abends ein Chapati, ein etwa handtellergroßes dünnes Fladenbrot, eine Hand voll Reis, ein kleines Schälchen Dal und zwei bis drei Sprotten zu essen, zum Frühstück ein Stück Weißbrot und ein Glas Tee.

In der Zelle standen zwei Eimer. Einer zur rechten Seite mit Trinkwasser und einem Becher darin. Auf der anderen Seite der für Urin, der wurde erst ausgeleert, wenn er voll war. Für das große Geschäft wurde man aus der Zelle herausgeholt. Die Toilettenanlage bestand aus drei Stehklos. Eins davon war hoffnungslos verstopft. Das zweite war meistens besetzt, wenn ich mal musste. In dem dritten schwamm eine Ratte, die ständig quiekte und am Absaufen war. Mir blieb nichts anderes übrig, als mich zu überwinden und ihr auf den Kopf zu scheißen. Zum Glück war das Fallloch tief genug und sie konnte mich somit nicht in den Hintern beißen.

Die Nacht war auch nicht der Hit, da immer die Deckenbeleuchtung in Form einer Hundertwattbirne eingeschaltet wurde. Um es einigermaßen dunkel zu haben, zog ich mir das Laken über den Kopf. Die Matratze, auf der ich lag, war viel zu kurz, sodass meine Füße auf dem Boden lagen, wenn ich mich ausstreckte. Nach rechts oder links konnte man sich auch nicht drehen, ohne von ihr runter zu rollen. Sie war einfach zu schmal und nur spärlich mit Baumwolle gefüllt, die zudem schon arg zusammengepresst war, so dass sie nicht wirklich eine polsternde Eigenschaft hatte.

Dumm war auch, dass das Laken nicht lang genug war, um noch meine Füße zu bedecken. Dadurch bot ich den zahllosen Moskitos eine wunderbare Landefläche, was sie auch gnadenlos ausnutzten. Besonders gemein waren aber die Stiche in meine offenen Wunden am Fuß, die sich dadurch entzündeten. Wundheilung war in diesem feuchtwarmen Klima sowieso schwierig, besonders, wenn man keine antibiotische Salbe und kein Verbandmaterial hatte.

Den Tag verbrachten wir fast alle mit Schlafen, oder wir dösten wenigstens vor uns hin. Tagsüber waren die Mücken nicht so aktiv und somit konnte man den versäumten Schlaf der Nacht nachholen, zumal jetzt auch die Glühbirne ausgeschaltet wurde. Da, wie schon gesagt, niemand meiner Mitinsassen Englisch sprach, konnte ich mich mit ihnen nur mit Händen und Füssen verständigen. Somit erfuhr ich auch nicht die Gründe, weshalb sie im Gefängnis waren.

Jeden Morgen, vier Tage hintereinander, wurde ich zum Verhör ins Gericht gebracht und dem Haftrichter vorgestellt. Mir wurde vorgeworfen, dass ich mich illegal im Land aufhielt. Jeden Tag die gleiche Prozedur: Handschellen an, Sachen im Office abholen, bekreuzigen mit Polizisten an der Hand beim Hineingehen und nochmals beim Verlassen des Offices. Es war mir nämlich sehr ernst mit dem Kreuzzeichen. Das hatte ich so gelernt und ich wollte mir auch nicht durch Handschellen mein Ritual verbieten lassen.

Wir hatten von der Lock-up-Sektion bis zum Gericht einen etwa fünfzehnminütigen Fußweg zurückzulegen. Ich war einen Kopf größer als mein Bewacher. Manche Inder und Europäer, die mich sahen, warfen mir mitleidige

Blicke zu. Viele wussten, dass man leicht und nicht selten aus Willkür in die Hände der Polizei fallen konnte. Trotz des teilweise wahrgenommenen Mitleids, war die ganze Szenerie eher grotesk und erst recht demütigend, ein Spießrutenlaufen durch die Stadt.

Mr. De Souza besuchte mich am dritten Tag und war ein wenig erbost darüber, dass ich ihm nicht schon vorher von meiner Visasituation erzählt hatte. Er war ein einflussreicher Mann in der Stadt, aber jetzt, wo ich im Gefängnis saß, konnte er nicht mehr viel für mich tun. Er verabschiedete sich freundlich und ich hatte wenig Hoffnung, dass er mir helfen könne. Am vierten Tag war die Gerichtsverhandlung. Ich hatte keine Ahnung, was auf mich zukommen würde und hatte mir vorher auch keine Gedanken über die Konsequenzen einer Inhaftierung gemacht, dennoch rechnete ich mit etwas Schlimmem.

Das Urteil „haute" mich um! Zwei Wochen Gefängnis und 500 Rupien Geldstrafe lautete das Urteil. Ich konnte es nicht fassen. Das war noch ziemlich genau die Summe (in etwa 50 $), die ich noch im Aschram im Safe hatte. Ich war happy, so glimpflich davon gekommen zu sein!

Noch am gleichen Tag wurde ich in das große Gefängnis nach Aguada Central, zwölf Kilometer von Panjim entfernt, verlegt. Die Zelle war hier so groß wie eine Turnhalle. Die Toiletten und Duschen waren geräumig angelegt. Zwar schliefen wir mit circa 50 Personen in dem riesigen Raum, doch war es hier hell und vor allem sauber. Der Ausblick auf den indischen Ozean und über die Palmenhaine war sehr beeindruckend. Allerdings hatten wir diesen Ausblick nur beim Hofgang.

Die für mich noch verbleibenden zehn Tage Haft gingen verhältnismäßig schnell um, und ich verbrachte die meiste Zeit mit dem Lesen in meiner Bibel. Dabei schaffte ich es fast durch das ganze Alte Testament und war beeindruckt von all den Geschichten, die mir dort begegneten. Besonders der Bericht von dem Josef, der im Ausland völlig unschuldig im Gefängnis war, und den Ausgang der Geschichte fand ich großartig und er machte mir sehr viel Mut.

Der Tag meiner Entlassung kam. Ich stieg in den Bus nach Mapusa und freute mich über meine Freilassung. Auf dem Rückweg hielt der Bus an einer Kreuzung, wo sich ein Haus von „Youth with a Mission" befand. Es wurde „Dilaram House" genannt und war eine Wohngemeinschaft von Christen, die sich ebenfalls um gestrandete Leute aus der Drogenszene kümmerten. Die damaligen holländischen Leiter, Johan und seine Frau Cindy, begrüßten mich sehr herzlich, als ich bei ihnen anklopfte. Sie hatten schon von meiner Inhaftierung gehört und freuten sich nun mit mir über meine Freilassung. Die Wohngemeinschaft war gerade dabei, sich aufzulösen. Johan hatte die Leitung des Dilaram Hauses in Kathmandu in Nepal übernommen und lud mich ein, dorthin zu kommen, falls ich das Land verlassen müsse und keine Bleibe hätte. Dankbar nahm ich die Adresse entgegen und sagte ihm, dass ich es mir überlegen würde.

Dann machte ich mich weiter auf den Weg in den Aschram. Anand war in der Zwischenzeit von seiner Reise zurückgekehrt und war wieder einmal sehr darum bemüht, mir zu helfen, zurück nach Deutschland zu fliegen, was für mich überhaupt nicht in Frage kam. Ich hatte doch mit Deutschland und Europa abgeschlossen. Die westliche Welt mit ihrer materiellen Ausrichtung hatte eher eine abschreckende Wirkung auf mich. Ein solches Leben machte mir Angst und bot mir keine Perspektive. „Eher würde ich versuchen, nach Sri Lanka zu kommen!", antwortete ich ihm.

Ich ließ mir von Anand meinen Reisepass und die letzten 500 Rupien geben und machte mich mit meinem Entlassungsschein auf den Weg nach Mapusa zur Einwanderungspolizei. Dort musste ich noch meine Strafe bezahlen und ebenso meinen Reisepass vorlegen. Mir war mulmig dabei, zweifelte ich ja daran, ob ich diesen überhaupt zurückbekommen würde. Wieder gab es diese Ungewissheit für mich, was auf mich zukommen würde. Im Flur des Polizeipräsidiums wartete ich, bis mein Name aufgerufen wurde. Der Beamte händigte mir tatsächlich den Reisepass wieder aus. Zitternd öffnete ich diesen und suchte nach dem Deportationsstempel und dem Datum, innerhalb wie vieler Tagen ich das Land verlassen musste. War es morgen, oder übermorgen? Endlich fand ich den Eintrag. Doch was war das? Ich konnte es nicht fassen. Man hatte mir einen ganz normalen Visastempel in den Reisepass gesetzt. Dieser deckte die vergangenen dreieinhalb Monate ab, welche ich illegal in Indien war und noch vier zusätzliche Wochen. „Das musste ein Irrtum sein", dachte ich. Ich verabschiedete mich schnell und verließ eilends das Präsidium, bevor jemand den Irrtum bemerken würde. Oder war es gar kein Irrtum, hatte Gott mein Bitten gehört? Es schien so, dass er tatsächlich auf meinen Wunsch eingegangen war, nicht nach Deutschland zurück zu fliegen.

Freudig erzählte ich im Aschram von meinem Glück und alle, bis auf Anand, freuten sich für mich mit. Anand gab nun die Hoffnung auf, mich unbedingt nach Deutschland zurück zu schicken. Ich erzählte ihm von dem Angebot, nach Kathmandu in die WG zu gehen und er schlug mir vor, Jim mitzunehmen, der ebenfalls das Land verlassen musste.

Jim war Amerikaner, Mitte 30 und auf einem LSD Trip hängengeblieben. Sein Vater war sehr reich und hatte seinen Sohn von Anand suchen lassen, der ihn auch fand. Der Vater hatte ihn gebeten, sich um Jim, soweit es möglich war, zu kümmern und überwies regelmäßig Geld. Dieses teilte Anand für ihn ein. Drogen nahm Jim nicht mehr. Ansonsten lief er den ganzen Tag durch die Gegend, saß in Chai-Shops und beobachtete die Leute. Er war harmlos, aber so verpeilt, dass immer jemand auf ihn achthaben musste. Jim war gehorsam, sodass es nicht schwierig war, mit ihm umzugehen. Er tat, was ich ihm sagte, wie ein braver Junge. Nur nach Amerika wollte er nicht zurück. Aber auch er durfte nicht ohne Visum im Land bleiben. Somit gab Anand mir seinen Ausweis und genügend Reisegeld für uns Beide. Wir fuhren mit dem Bus und dem Zug und machten unseren ersten größeren Zwischenstopp nach zwei Tagen in Vārānasi. Wir hatten eine Adresse von einem Missionarsehepaar, die uns für ein paar Tage hier beherbergten.

Vārānasi war überwältigend. Tausende von Indern versammelten sich hier am Ganges, um sich durch ein Bad im Fluss von ihren Sünden reinigen zu lassen. Ich war heilfroh, dass ich das nicht mehr nötig hatte. Jesus war für meine Sünden gestorben, das hatte ich erkannt und somit bin ich auch dem Bad im Ganges entgangen, welches mir als Hindu noch geblüht hätte. Für mich gab es keinen Grund mehr, mich in diese schmutzige Brühe zu begeben. Ganz abgesehen von dem Müll und Unrat, der überall herumschwamm, gab es hier und da noch Tierkadaver oder auch mal den Überrest einer verkohlten menschlichen Leiche. Die Verbrennung eines menschlichen Körpers dauerte immerhin einen ganzen Tag und es war viel Holz dazu nötig. Manchmal reichte eben nach dem Tod eines Angehörigen das Geld nicht für genügend Holz und somit ging dann der unverbrannte Rest halbverkohlt auf die Reise.

Vārānasi ist eines der Zentren in Indien, wo man die indische klassische Musik studieren kann. In mir lebte ein alter Wunsch wieder auf, nämlich Tabla spielen zu lernen und das Instrument zu studieren. Somit sah ich meine Chance als gekommen an und machte mich auf den Weg zur Universität zu einem Professor für Tablaspielen. Er saß auf einem Kissen in einem schönen mit Holz dekorierten Raum. An den Wänden waren Hindugottheiten abgebildet und die ganze Atmosphäre war wie in einem Tempel. Der Guru winkte mich zu sich und ich verneigte mich ehrerbietend vor ihm und berührte mit meiner Hand seine Füße als einen Ausdruck des Respekts.

Die Aufnahme- bzw. Eignungsprüfung dauerte ca. 20 Minuten. Ich musste einige nicht ganz einfache Rhythmen in verschiedenen Takten nachklatschen. Dann erhielt ich mein „Eligibilitycertyficate".

Ich sah meine alten Pläne in greifbare Nähe rücken, Tabla spielen zu lernen! Das hieß für mich aber, wie mir jetzt erst deutlich wurde, dass ich meinen neu gewonnenen Glauben als Christ nicht so einfach leben konnte. Schon die Verneigung vor dem Guru war für mich eine Handlung, die mir widerstrebte. Hatte der Guru doch für seine Nachfolger die Stellung eines Gottes. Ich wollte jedoch meine Knie nicht mehr vor Menschen beugen, sondern nur vor Gott selbst. Ein weiteres Problem war auch das Stipendium, das ich benötigen würde, um ein Langzeitvisum für Indien zu bekommen. Diese Hindernisse erwiesen sich für mich dann doch als zu groß. Alle Hoffnung, meinen Wunsch verwirklichen zu können, schwanden wieder dahin und ich wurde traurig und auch deprimiert.

Als ich das Unigebäude verließ, schaute ich in den Himmel. Was ich da sah, war großartig. So etwas hatte ich noch nie gesehen. Die eine Seite des Himmels war sonnig, die andere Hälfte von schwarzen, schweren Regenwolken bedeckt, die den Erdboden zu berühren schienen. In den schwarzen Wolken zeichneten sich zwei gestochen scharfe Regenbogen ab und vermittelten das Gefühl einer Einladung, sie zu beschreiten. Ich spürte die Allmacht meines Gottes, der mir zu sagen schien: „Alles wird gut! Mach dir keine Sorgen, dein Leben habe ich in der Hand und ich meine es gut mit dir. Ich habe einen wunderbaren Plan für dein Leben. Vertraue mir und folge mir!"

Glücklich und erfüllt ging ich zurück zu meiner Unterkunft. Am nächsten Tag fuhr ich mit Jim weiter Richtung Nepal. Mein Visum war wiederum kurz vor dem Ablaufdatum und ich wollte es auf keinen Fall nochmals überziehen.

20. Kathmandu

Müde und voller Spannung kamen wir in Kathmandu an. Mit einem Taxi fuhren wir weiter nach Patan, einem Vorort, bis zu der Adresse, die Johan mir gegeben hatte. Er erwartete uns schon. Mittlerweile hatte er die Leitung der dortigen Wohngemeinschaft übernommen, die nur eine von mehreren war, die ein Amerikaner namens Floyd Mc Clung ins Leben gerufen hatte. Es gab solche Wohngemeinschaften auch in Amsterdam, London, Kabul, New Dehli, Goa und eben Kathmandu. Das waren einige der Orte auf dem sogenannten Hippietrail. Die Aufgaben dieser Wohngemeinschaften waren ähnlich der des Aschrams, den Anand ins Leben gerufen hatte, nämlich Hippies bzw. Aussteigern, die in Not geraten waren, Hilfe anzubieten und ihnen das Angebot zu machen, in solch einer Gemeinschaft zu wohnen und so das Leben als Christ kennen zu lernen.

In dieser Wohngemeinschaft lebten neben Johan, seiner Frau Cindy und deren dreijähriger Tochter Rachel noch fünf andere Christen: Lou aus Australien, Kathi und Chris aus England, Helen und Halma aus Holland. Dazu kamen noch Durchreisende und wechselnde Mitbewohner, die Hilfe erhielten.

Das Haus war sehr geräumig und hatte genügend Zweier-, Dreier- und Viererzimmer, um gut 20 Personen unterzubringen. Dazu kamen noch eine Küche, in der sich ein großer Esstisch befand, und ein gemütliches Wohnzimmer, das mit alten und kunterbunt gemischten Polstermöbeln bestückt war. Über den Möbeln waren die typischen, bunt gewebten Nepaldecken ausgebreitet und auf dem Fußboden lagen Nepalteppiche. Die Wände waren mit schönen Handarbeiten dekoriert, deren Motive meist gebatikt waren und Szenen des nepalesischen Berglebens darstellten. Das gesamte Gelände war von einer mannshohen Mauer umgeben, um ungebetene Gäste und streunende Hunde abzuhalten und es hatte einen kleinen Garten mit Gemüse und Blumen bepflanzt. An der Hauswand rankten rote Weihnachtssterne empor, die bis zu fünf Meter hoch waren. Ich kannte diese bislang nur als Topfpflanzen. Doch hier wuchsen sie wie in Deutschland der Efeu. Auch hatte das Haus eine Terrasse über einem kleinen flachen Anbau neben dem Haupthaus. Von dieser konnte man wunderbar bis in die Stadt blicken.

Täglich kamen Umar und Sarah, zwei nepalesische Frauen, in die Wohngemeinschaft. Sie kümmerten sich um unsere Wäsche, den Hausputz und das Kochen, bei dem wir als Bewohner aber auch mithalfen. Da die Bewohner in der WG häufig wechselten (Volontäre und Hilfsbedürftige), war es von großem Nutzen, dass die Routinearbeiten von Einheimischen ausgeführt wurden. Sie kannten sich mit der Kultur auch besser aus und konnten so bei der Beschaffung und Zubereitung der Nahrungsmittel behilflich sein. Daneben gab es noch Panchuram, der sich um den Garten und die Hasen kümmerte.

Das Leben hier in der WG war klar strukturiert. Es gab feste Zeiten für die Mahlzeiten und täglich eine Zeit für die gemeinsame Morgenandacht. Zwischen dem Frühstück und der Andacht hatte jeder eine persönliche Zeit mit Gott. In dieser halben Stunde las ich in der Bibel, rauchte meine Bidis* und trank dazu einen Tee.

Jim lebte mittlerweile in einem Hotel, wo wir ihm ein Zimmer mieten konnten. Er hatte nun Kontakt zur amerikanischen Botschaft, die sich um ihn kümmerte und darum bemüht war, ihn wieder in die USA zu bringen, wo er psychiatrische Hilfe bekommen sollte.

Ich war anfangs so ziemlich der einzige Gast im Haus. Die anderen Mitarbeiter und Volontäre gingen alle irgendwelchen Aktivitäten nach. Sie besuchten Kranke im Krankenhaus oder machten die Einkäufe, Erledigungen und Behördengänge für die Gemeinschaft. Einige gingen auch zu den Schwestern von Mutter Theresa, deren Orden in Kathmandu ein kleines Kinderheim und eine Tagesstätte für Straßenkinder unterhielt. Dort halfen sie mit, die Kinder zu unterrichten und Nahrung und Kleidung auszugeben.

Da ich kein Geld hatte und keine Aufgabe, die mich ausfüllte, wurde mir das Leben in der Wohngemeinschaft allmählich zu langweilig. Ich wollte auch den anderen nicht zur Last fallen und sah hier keinen Weg für mich, an Geld zu kommen, das mir mehr Unabhängigkeit ermöglichen würde. Die Tagesstruktur in dem Haus war mir auch irgendwie zu eng und es zog mich wieder zu einem Lebensstil der vermeintlich größeren Freiheit. So beschloss ich nach einigen Wochen, die WG zu verlassen. Ich hatte die Idee, mir eine Bäckerei zu suchen, in der ich deutsches Vollkornbrot backen wollte, um es an Touristen zu verkaufen, wie ich es auch schon in Goa

*Bidi, eine indische zigarettenähnliche Tabakware mit Tabak oder Kräutern als Füllung und einem Tendublatt als Hüllblatt.

praktiziert hatte. Ich fühlte mich getrieben und hatte eine große Unruhe in mir, die von Tag zu Tag stärker wurde. Also ging ich zu Johan, um ihm meine Pläne bzw. meinen Entschluss mitzuteilen.

Johan hörte sich alles geduldig an und stellte mir plötzlich die Frage: „Und wie sieht es mit deinem Versprechen aus, Gott hier in der Gemeinschaft für ein Jahr zu dienen?"

Auf der Stelle war mir klar, dass ich das tatsächlich so ähnlich formuliert hatte. Doch hatte ich den Gedanken bald wieder verworfen. Auch hatte ich meine Aussage nicht als so verbindlich angesehen, mehr als gute Absicht, die man je nach Situation und Stimmung anpassen konnte. Ich war nun mal ein freier Mensch, konnte tun und lassen was ich wollte …

Doch rührte Gott mein Gewissen an und erinnerte mich an meine eigenen Worte. Ich merkte, wie Jesus von mir wollte, dass ich zu meinem Wort stand.

Natürlich spürte ich auch, dass ich damit meine Freiheit aufgeben würde. Aber was sollte ich mit einer Freiheit anfangen, von der ich nicht wirklich wusste, wofür ich sie einsetzen sollte. War die empfundene Freiheit und der Drang danach wirklich Freiheit?

So stimmte ich meinem früheren Entschluss Johan gegenüber noch einmal zu. Er betete für mich und als er unerwartet bat: „Satan, in Jesu Namen befehle ich dir, Dirk in Ruhe zu lassen und Gottes Plan in seinem Leben nicht mehr zu vereiteln! Lass ihn jetzt los!", da schüttelte es mich und auf einmal hatte ich kristallklare Gedanken. Mir war, als ob ein Schleier bzw. ein Nebel, der mich die ganze Zeit umgeben hatte, von mir genommen worden wäre. Mir war jetzt deutlich, dass entweder Gott und Jesus meinen Weg bestimmen oder der Teufel. Ich war nun fest entschlossen, Jesus zu folgen und ihm den Rest meines Lebens zu dienen. Ich wollte nicht mehr vor meinen Problemen, meiner Unruhe davonlaufen, indem ich mich in irgendwelche vermeintlichen Lösungen verrannte, sondern gerade im Lesen der Bibel erkennen, wie ich ein gottgefälliges, ein von ihm mir zugedachtes Leben führen konnte. Wieder erfüllte mich das unbeschreibliche Gefühl von Frieden, Freude und Freiheit, ähnlich wie ich es nach dem Gebet mit Anand in der Kapelle gehabt hatte oder auch nachdem ich das Schillum ins Meer geworfen hatte. Ich kannte dieses Gefühl mittlerweile und konnte es als die Gegenwart Gottes identifizieren. Ich blieb in der Wohngemeinschaft und war bereit, meinen Platz dort einzunehmen, solange es so sein sollte.

Sonntagmorgens besuchten wir als Wohngemeinschaft einen Gottesdienst in der International Church. Dort kamen etwa 150 Personen vieler verschiedener Nationalitäten zusammen. Etliche waren als Missionare unterschiedlichster Organisationen in Nepal tätig.

Da waren die Wycliff-Bibelübersetzer, die sich seit fast 20 Jahren der Übersetzung des Neuen Testamentes widmeten, der Übersetzungen in die vielen Dialekte, die in Nepal gesprochen werden und für die es bis zum damaligen Zeitpunkt auch noch keinerlei Schrift gab. Im Gottesdienst war ebenfalls eine Gruppe von OM-

Mitarbeitern (Operation Mobilisation), die zu Fuß tagelang in die entlegensten Bergdörfer gingen, um dort christliche Literatur zu verbreiten. Aber es waren auch Christen im Gottesdienst anwesend, die sich in den verschiedenen Hilfsorganisationen und Krankenhäusern in Kathmandu oder Pokhara nützlich machten. Schließlich gab es noch Ingenieure aus der Schweiz, die im Straßenbau tätig waren.

Ich freundete mich bald mit Hanna an, einer älteren deutschen Frau, die mit einem Amerikaner verheiratet war, der für die WHO im Ernährungsprogramm tätig war. Ab und zu lud sie mich mal auf einen Kaffee bei sich zu Hause oder in den Club der amerikanischen Botschaft ein, wo ich einen echten Burger genießen konnte. Eines Tages veranstalteten die Mitarbeiter der amerikanischen Botschaft einen sogenannten Volkslauf (Hashrun), an dem ich teilnahm. Nach kurzer Distanz ging mir da allerdings schon die Puste aus, und ich war gezwungen, zu gehen. Dabei wurde ich von mehreren Läufern und vor allem Läuferinnen überholt. Um die Demütigung noch zu vervollständigen, so schien es mir, lächelte mir ein hübsches junges Mädchen zurückblickend zu und unterstrich ihr nettes Lächeln noch durch ein mit der Hand winkendes „Haaaii". Das hatte gesessen. Mein Entschluss fiel sofort, ich hörte augenblicklich mit dem Rauchen auf.

21. Jose Maria

Wie schon erwähnt, hatten die Mitbewohner in der Wohngemeinschaft alle verschiedene Aufgaben, denen sie tagsüber nachgingen. Am interessantesten fand ich Kathis Einsatz bei den „Sisters of Mercy", den Schwestern von Mutter Theresa, die ein kleines Kinderheim in Kathmandu unterhielten. Sie versuchten Kinder, die auf der Straße vom Betteln lebten, bei sich aufzunehmen, mit Essen und Kleidung zu versorgen und ein wenig schulische Bildung zu vermitteln.

Ich hatte mich inzwischen so an den Anblick der Armut und besonders an die der Kinder gewöhnt, dass mir ihr elternloses Leben auf der Straße schon nichts mehr ausmachte. In der Zeit dort war ich zu sehr mit mir selbst beschäftigt. Doch wie kann man es eigentlich als normal hinnehmen, wenn man Kinder auf der Straße auf Kartonagen, mit Zeitungen zugedeckt schlafen sieht? Dass viele der Kinder, die Geld durch Betteln oder Prostitution verdienen mussten, Sklaven von Zuhältern waren, blendete ich damals völlig aus.

Nach einiger Zeit sprach Johan mich an: „Du wolltest doch auch einen Dienst und zwar den der Besuche von Gefangenen im Gefängnis übernehmen! Wann willst Du denn damit anfangen?" Ich fühlte mich gleich wieder einmal überführt, da ich mich erneut um mein Wort, mein Versprechen gedrückt hatte. „Heute", erwiderte ich sofort, als mir das bewusst wurde.

Noch am selben Nachmittag machte ich mich auf den Weg nach Kathmandu. Ich hatte zwei Gefängnisse zur Auswahl. Das eine war eine Lock-up-Sektion, wo die meisten europäischen bzw. westlichen Gefangenen einsaßen und dort auf ihre Verhandlungen warteten. Einige schon Verurteilte waren auch dort untergebracht. Im anderen Gefängnis saßen Menschen, die erst frisch verhaftet worden waren. Da gab es oft Personen, von deren Inhaftierung die zuständige Botschaft noch nicht informiert war. Ich besuchte zuerst das zweite Gefängnis. Als ich dort ankam und mich erkundigte, ob ein sogenannter „Westener" inhaftiert sei, traf ich auf sehr aufgeschlossene Beamte. Sie waren sichtlich froh, dass ich vorbeikam und stellten mir einen jungen Mann vor, der sehr verwirrt war. Er sprach nur wenige Brocken Englisch und das, was er von sich gab, ergab keinerlei Sinn. Es war für mich offensichtlich, dass er ein psychisches Problem hatte und wahrscheinlich auf irgendwelchen psychedelischen Drogen hängengeblieben war. Die Polizisten bedrängten mich, den Verrückten mitzunehmen, da sie offensichtlich nichts mit ihm anzufangen wussten bzw. mit seiner Betreuung überfordert waren. Außerdem war er sehr abgemagert, und sie fürchteten wahrscheinlich auch, dass er dort im Gefängnis sterben könnte.

Nur mit Mühe konnte ich die Polizisten davon abbringen, mir Jose Maria, so hieß der Arme, auszuliefern. Ich machte mich auf den Rückweg ins Dilaram House und berichtete Johan davon. Wir entschlossen uns, Jose Maria am nächsten Tag aus dem Gefängnis zu holen. Er bekam einen Schlafplatz bei mir in dem Viererzimmer. Meine Aufgabe war es nun, ihn auf Schritt und Tritt zu begleiten. Er machte wirre Sachen, wollte weglaufen, räumte Gegenstände, die herumstanden, von einer Ecke in die andere und lief ziel- und planlos im Haus herum. Ich kam abends erst zur Ruhe, wenn er selbst vor Erschöpfung eingeschlafen war. Aber auch nachts konnte er plötzlich wach werden und in der Gegend herumlaufen. Chris und ich wechselten uns in der Betreuung ab.

Jose Maria sprach offensichtlich Spanisch, was wir aber nicht verstanden. Und selbst, wenn wir es verstanden hätten, war es doch recht wirr. Ich hatte ein kleines blaues Notizbuch bei mir, in das ich immer Dinge hineinschrieb, die ich mir merken wollte, Hauptsächlich Namen und Vokabeln. Jose Maria fing an, die Dinge, die er sagte, in das Heft zu schreiben. Mariam Faithful, Jim Morrison, Barcelona, Jimi Hendrix, und sonstige Sachen, die nicht zu entziffern waren. Doch bekamen wir langsam heraus, dass er wohl aus Barcelona stammte.

Wir fanden auch heraus, dass es in Nepal für Spanier keine Botschaft und kein Konsulat gab. Um Papiere für seinen Heimflug zu erhalten und um überhaupt seine Identität aufzuklären, mussten wir ihn nach Neu-Delhi bringen. Ich erklärte mich dazu bereit, ohne genau zu wissen, worauf ich mich da einließ.

Nach etwa einer Woche buchten wir zwei Bustickets nach Lucknow und Johan brachte uns am nächsten Morgen zur Busstation nach Kathmandu. Als wir schon eine Weile unterwegs waren, wurde Jose wieder unruhiger und ich musste ihn festhalten, damit er nicht im Bus herumlief und die anderen Fahrgäste belästigte. Während wir eine Pause machten, zog er plötzlich an dem Sari einer Nepalesin, die gerade aus dem Bus stieg. Sofort wollten mehrere

Männer ihn verprügeln, was ich nur mit Mühe und Not verhindern konnte.

Ich besann mich einer Grifftechnik, um Jose unter Kontrolle zu halten. Indem ich ihm den kleinen Finger nach innen bog, konnte ich mit zunehmendem Druck den Schmerz erhöhen, ohne ihn ernsthaft zu verletzen. Wenn er sich beruhigte, lockerte ich den Griff. Wurde er wieder unruhig, erhöhte ich den Druck nochmals, so dass er zusammenzuckte und wieder gut zu führen war. Dadurch brachte ich ihn schließlich bis nach Luknow. Dort bezogen wir Quartier auf einer befreundeten Missionsstation von OM, die zuvor telefonisch von unserem Kommen informiert worden war.

Die Fahrt hatte den ganzen Tag gedauert und ich war fix und alle. Ein Mitarbeiter kannte sich medizinisch ein wenig aus und verpasste Jose Maria eine Dosis Valium, die ihn müde machte und woraufhin er sofort einschlief. Nun konnte ich mich ebenfalls ein wenig frisch machen und etwas essen. Nachdem wir die Weiterfahrt mit dem Zug nach Neu-Delhi geklärt hatten, fiel ich selbst erschöpft in einen tiefen Schlaf. Die Mitarbeiter von OM passten währenddessen auf Jose Maria auf.

Am Nächsten Morgen steckte ich mir vorsichtshalber einige Valium Tabletten ein, die ich Jose Maria auf der Weiterreise mit in das Essen mischte. Sie zeigten ihre Wirkung und so wurde Jose ruhiger und umgänglicher.

Nach weiteren zwei Tagen, es war ein Samstag, kamen wir müde und erschöpft in Neu-Delhi an. Mit dem Taxi fuhren wir vom Bahnhof durch ein sehr feudales Villenviertel, wo etliche Botschaften ansässig waren, bis zur französischen Botschaft, die gleichzeitig auch als Honorarkonsulat für Spanien fungierte. Sie befand sich ebenfalls in einer ansehnlichen Villa mit einem großzügig angelegten Park, der von einem hohen Zaun umgeben war. Wir standen vor einem wuchtigen, verzierten Tor, an dem die Öffnungszeiten standen. Doch, oh Schreck, am Samstagnachmittag war geschlossen.

Ich klingelte, worauf ein Angestellter kam, und mir erklärte, dass wir am Montag zur Öffnungszeit wiederkommen sollten. Ich diskutierte mit dem Mann und machte ihm deutlich, dass ich seit über drei Tagen mit diesem psychotischen Mann quer durch Indien unterwegs sei, und ich keinen Schritt mehr weitergehen und mit Jose vor dem Tor übernachten würde, wenn nicht sofort jemand komme und uns helfe. Der Mann ging zurück in die Botschaft und ich setzte mich mit Jose vor das Tor. Nach etwa einer Stunde kam er mit einem anderen Franzosen wieder. Ives stellte sich mir als Arzt vor, er war gerade mit seiner Psychiatrieausbildung fertiggeworden und absolvierte jetzt seinen Militärdienst in der französischen Botschaft. Er erkundigte sich nach uns und gab mir die Gelegenheit, ihm unsere Situation zu erklären. Dann sagte er dem Angestellten, dass er das Tor öffnen solle und holte uns in die Botschaft. In einem prunkvollen Warteraum warteten wir auf ihn. Nach weiteren 20 Minuten kam er zurück und teilte mit, dass er uns jetzt in eine Privat-Psychiatrie bringen würde. Ich stieg mit Jose und Ives in einen weißen Ambassador, und ein Chauffeur fuhr uns in die Klinik, wo uns ein netter Inder empfing. Er und zwei

Krankenschwestern kümmerten sich liebevoll um ihn. Jose war mittlerweile so erschöpft, dass er widerstandslos alles mit sich geschehen ließ. Der Arzt erklärte mir, dass er Jose erst einmal ruhigstellen würde und ich mir keine Sorgen machen müsse.

Ives hatte an diesem Abend ein Dinner in einem großen Hotel. Wir fuhren kurz zu seiner Wohnung, wo ich die Gelegenheit bekam, mich zu duschen und umzuziehen. Die nächste Zeit durfte ich in seinem Gästezimmer übernachten.

Nachdem ich mich frisch gemacht hatte, fuhren wir gemeinsam mit seiner Frau Marie Lou in ein großes Hotel, wo viele feine Leute in Abendgarderobe beisammen waren. Überall gab es Buffets mit den schönsten Köstlichkeiten, an denen ich mich bedienen durfte. Ich kam mir zwar in meiner legeren Kleidung etwas deplatziert vor, doch war ich unendlich dankbar, dass die Dinge so gut liefen. Meinen Dank richtete ich an Jesus, denn ich war davon überwältigt, wie er alles im Griff hatte und mich seine Nähe und Liebe spüren ließ. Ich war hundemüde, doch mein Herz war mit Frieden erfüllt. Allerdings machte ich mir Gedanken, wie die ganze Sache weitergehen sollte. Wer würde die Rechnung für Jose in der Klinik bezahlen?

Die nächsten Tage waren sehr spannend und nach ein paar Tagen kam Ives mit der Nachricht, dass die Eltern und Geschwister von Jose Maria ausfindig gemacht worden und seine Papiere für die Ausreise in Arbeit waren. Es gab nur ein Problem, Jose konnte in dem Zustand unmöglich allein nach Barcelona fliegen. Deshalb ließ die Familie anfragen, ob ich bereit wäre, ihn nach Barcelona zu begleiten. Ich telefonierte mit Johan in Nepal und sprach die Sache mit ihm ab.

Wir saßen im Flugzeug in der Business Class und waren auf dem Weg nach Frankfurt. Die Stewardessen kümmerten sich zuvorkommend um uns und Jose war in der Klinik so gut mit Psychopharmaka eingestellt worden, dass er ohne größere Probleme mitgenommen werden konnte. Fast den ganzen Flug über schlief er, worüber ich sehr froh war. In Barcelona nahm uns die Familie in Empfang. Jose wurde sofort in eine Psychiatrie gebracht und ich verbrachte noch einige Tage mit seinen Geschwistern. Sie zeigten mir Barcelona und verwöhnten mich mit gutem Essen. Die Familie war unglaublich dankbar, dass ich ihren Sohn und Bruder gefunden und nach Hause gebracht hatte. Als sie realisierten, dass ich kaum Geld hatte, kauften sie mir sogar neue Kleidung. Natürlich bezahlte sie mir auch den Rückflug nach Neu-Delhi und das noch einmal in der Business Class. Inzwischen hatte sich auch geklärt, dass die Familie die Kosten für Joses Psychiatrieaufenthalt in Neu-Delhi übernehmen würde. Ich fühlte mich sehr beschenkt.

Der Rückflug ging wieder über Frankfurt und ich hatte ihn so gebucht, dass ich zwei Wochen Aufenthalt in Deutschland haben würde. Ich freute mich darauf, meine Eltern und Geschwister wiederzusehen und natürlich auch einige meiner Freunde. Doch was mir Unbehagen bereitete war die Möglichkeit, dass ich noch von der Staatsanwaltschaft gesucht werden könnte. Bevor ich nämlich Deutschland verlassen hatte, wurde ich auf einer Autobahnraststätte beim Trampen von einer Zivilstreife kontrolliert. Die Polizei nahm mir einige Gramm Haschisch ab und ich musste noch mit einem Verfahren diesbezüglich rechnen.

Als ich mich der Passkontrolle in Frankfurt näherte, spürte ich meinen Herzschlag bis zum Hals. Wie erleichtert war ich jedoch, dass mich der Grenzbeamte durchwinkte, nachdem er meine Daten kontrolliert hatte. Offensichtlich war die Sache damals wegen Geringfügigkeit eingestellt worden oder was auch immer. Für mich war das eine weitere Gebetserhörung. Gott war so gut zu mir.

Die Zeit mit meiner Familie war sehr wohltuend. Meine Geschwister kamen aus allen Ecken bei meinen Eltern vorbei, um mich zu sehen. Meine Mutter war anfangs etwas erschrocken, wie mager ich geworden war. Sie kochte mir leckere Fleischgerichte, wie ich sie schon Jahre nicht mehr gegessen hatte. Alle freuten sich, mich wieder zu sehen und ich konnte nun persönlich erzählen, was Gott für wunderbare Dinge in meinem Leben getan hatte. Doch irgendwie vermochte oder wollte das keiner nachvollziehen, weder meine Familie noch meine Freunde. Es schien mir so, als ob alle dächten, ich käme von einem anderen Stern.

Meine Eltern tranken nach wie vor, allerdings hatte sich der Konsum des Alkohols auf Bier beschränkt. Von alledem abgesehen war mir mittlerweile die westliche Welt so fremd geworden und die materielle Sättigung gab mir förmlich das Gefühl zu ersticken. So war ich froh, dass ich ein Ticket zurück nach Indien in der Tasche hatte.

In diesen vierzehn Tagen schaffte ich es noch, mir einen neuen Reisepass und ein neues Visum für Indien zu besorgen. Dadurch konnte ich mich wieder länger ohne größere Probleme in Indien und Nepal aufhalten. Ich meldete mich für diese Zeit arbeitslos und war dadurch auch wieder krankenversichert. Somit konnte ich auch zum Zahnarzt gehen und zum Augenarzt und mir eine neue Brille besorgen.

Die Zeit verging wie im Flug und ich war froh, als ich wieder in der Maschine nach Neu-Delhi saß. Dort blieb ich noch einige Wochen, weil mich die Familie von Jose Maria gebeten hatte, einige Recherchen über den Verbleib seiner Freundin Maria anzustellen. Die beiden waren zusammen nach Indien aufgebrochen und hatten sich dort aus den Augen verloren. Offensichtlich hing das mit der Psychose zusammen, die Jose durch den Drogenkonsum bekommen hatte. Doch wo sollte ich Maria suchen, und in welchem Zustand mochte sie sein?

In Neu-Delhi übernachtete ich wieder bei Ives und Marie Lou. Die beiden mochten mich und unterstützten mich bei meinen Recherchen. Ich fragte bei der Einwanderungsbehörde nach Maria, die es mir erlaubten, die Namenslisten für Visaanträge der Ein- und Ausreisenden der letzten Monate durchzusehen. Doch nach einem Tag gab ich auf, tausende von Namen und hunderte von handgeschriebenen Listen zu durchsuchen. Es war ein nicht enden wollendes Unterfangen.

Deshalb fing ich an, die einzelnen Psychiatrien in New Delhi abzuklappern. Es gab etliche von ihnen. In einer Psychiatrie ließen sie mich sogar in Begleitung von Pflegepersonal, das mit einem Schlagstock gewappnet war, die einzelnen Zellen inspizieren. Als ich die sah, dachte ich, mich trifft der Schlag. Die Zellen, zirka 15 bis 20 Quadratmeter groß, hatten keine Fenster. Die Türen hatten nur kleine vergitterte Luken. Die Zellen waren mit Stroh eingestreut und etwa acht bis zehn Frauen befanden sich darin. Hier gab es weder Möbelstücke noch eine Toilette. Der Wärter ging mit seinem Schlagstock in die Zelle und trieb die Frauen vom Eingang zurück. Es roch fürchterlich nach Fäkalien und die Frauen sahen aus wie wilde Tiere. Lange Haare, verdreckt und verlaust, die Kleider schmutzig und zerrissen. Ich dachte, ich wäre in einem falschen Film und konnte lange nicht begreifen, dass das, was ich da sah, die Realität einer indischen Psychiatrie war. Offensichtlich war es für die Angestellten normal, da sie mir ja die Zellen ohne Bedenken zeigten.

Schließlich gab ich die Suche auf und fuhr nach Kathmandu zurück. Allerdings benachrichtigte ich vorher noch Anand in Goa davon, dass ein spanisches Mädchen vermisst wurde. Tatsächlich kreuzte Maria ein paar Wochen später im Aschram Om Yeshu Niketan in Goa auf. Anand und die Mitarbeiter kümmerten sich um sie. Sie hatte ähnlich wie Jose Maria eine Drogenpsychose. Was sie als Frau, allein in Indien unterwegs, alles mitgemacht haben musste, daran mochte ich nicht denken: Sie war ja sozusagen Freiwild, ungeschützt vor Übergriffen. Maria konnte später aber wieder mit ihrer Familie zusammengebracht werden.

22. Wieder in Kathmandu

Als ich wieder in Kathmandu ankam, erwartete mich eine schlimme Nachricht. Vor meiner Abreise hatte ich einige Zeit Kontakt zu einem Deutschen namens Michael gehabt. Ich traf ihn in einem Café und wir freundeten uns an. Michael war wie ich Anfang 20. Es stellte sich heraus, dass er heroinabhängig war, und nach einiger Zeit entschloss er sich, mit mir ins Dilaram House zu kommen, um einen Heroinentzug bei uns zu machen. Michael schlief bei mir im Zimmer und ich saß mehrere Tage und Nächte an seinem Bett, versorgte ihn mit Tee, frischem Bettzeug, half ihm zur Toilette und las ihm aus der Bibel vor. Wenn die Entzugssymptome schlimmer wurden, legte ich ihm meine Hand auf und betete für ihn im Namen Jesu. Und welch ein Wunder, die Symptome verschwanden umgehend. Jesus half ihm wunderbar, durch den körperlichen Entzug zu kommen.

Es entwickelte sich eine gute, fast brüderliche Beziehung zueinander, hatte ihn doch ein ähnliches Schicksal wie mich getroffen. Kurz bevor ich von meiner Reise aus Neu-Delhi zurückkam, traf Michael seine Freundin wieder und verließ die Wohngemeinschaft gegen den Rat von Johan und dem Team. Kurz darauf fand die Polizei ihn tot in seinem Hotelzimmer. Er war an einer Überdosis gestorben. Ein Rückfall ist leider nicht selten ein Grund für eine tödliche Überdosis. Da gerade nach einer Clean-Zeit der Körper die Menge Gift nicht mehr verträgt, mit der man zuvor aufgehört hatte. Die Nachricht von seinem Tod schockierte mich und ich machte mir Vorwürfe, dass ich nicht früher nach Kathmandu zurückgekommen bin. Die Suche nach Maria hatte bis zu diesem Zeitpunkt ja nichts gebracht und ohne diese

Suche, wäre ich zwei Wochen früher wieder da gewesen.

Heute denke ich, dass ich Michaels Tod nicht hätte verhindern können. Es war allein seine Entscheidung, seiner Freundin und somit den Versprechungen der körperlichen Liebe und des Rauschgifts zu folgen und sein Leben mit Jesus zu verlassen.

Stand ich nicht auch immer wieder vor solch einer Entscheidung? Ja, das war so. Doch ich wusste auch, dass Gott mich auf wunderbare Weise aus der Sucht und der Sinnlosigkeit meines Lebens herausgeholt hatte. Er hatte einen Plan für mein Leben, zwar überblickte ich diesen nicht in seiner ganzen Fülle, aber ich wusste, dass Gott mich gebrauchen wollte, denen zu helfen, die sich von ihm helfen und retten lassen wollten.

Der Wunsch Menschen zu helfen, dass sie ihr Leben an Jesu Vorbild ausrichten, oder anders gesagt in die Nachfolge Jesu kommen, verfestigte sich in mir. Er wurde ständig bestärkt durch die Lehre und Predigten verschiedenster Missionare und Prediger, welche ständig hier im Dilaram House auf der Durchreise zu Gast waren und die gebeten wurden, zu uns zu sprechen.

Einer dieser Missionare war Geoff Walvin, ein Engländer. Er kam einmal die Woche, um uns Bibelunterricht zu geben. Seine Lieblingsstelle war aus dem Epheserbrief, Kapitel 2, in der es um das Regieren mit Gott auf dieser Erde geht. Regieren heißt, dass wir nicht der Willkür Gottes ausgeliefert sind, sondern die Geschicke der Welt mitgestalten durch Gebet, Segnungen und durch unser

Handeln in seinem Sinne. Noch heute erinnere ich mich an seinen kraftvollen Bibelunterricht. Die Finsternis dieser Welt hat den Kampf um die Menschheit verloren. Jesus hat diesen Kampf am Kreuz von Golgatha schon gewonnen. Es gibt Hoffnung für ein Leben, das in der Hoffnungslosigkeit gelandet ist. Jesus, und das wurde mir immer deutlicher, ist der Weg und die Wahrheit und das Leben.

Was das für mich als Christ für Auswirkungen hier auf der Erde hatte, konnte ich zu dieser Zeit nicht wirklich erfassen. Geoff war auch ein Ex Hippie und lebte als Missionar in Nepal. Er hatte mehrere kleine Bibelgruppen unter Nepalesen gegründet, die sich vom Buddhismus oder Hinduismus zum Christentum bekehrt hatten. Die nepalesischen Christen trafen sich heimlich, da es zu dieser Zeit in Nepal verboten war, sich von einer anderen Religion zum Christentum zu bekehren. So genannter Proselytismus stand unter Strafe und hatte unter Umständen eine mehrjährige Gefängnisstrafe zur Folge. Geoff hatte viele spannende Erlebnisse zu erzählen und ich war nach jeder Bibelstunde ermutigt und in meiner Seele gestärkt.

Die Monate vergingen. Ich gehörte nun fest zum Mitarbeiterteam. Neben meinen Aufgaben in der Wohngemeinschaft wie Putzen, beim Kochen helfen und die Betreuung von Reisenden, die bei uns übernachteten, hatte sich ein regelmäßiger Besuchsdienst in Gefängnissen und im Krankenhaus entwickelt. Ich brachte Post für die Gefangenen ins Gefängnis, welche an die Anschrift des Dilaram House geschickt wurde, und nahm deren

Post mit zum Postamt. Auch versorgte ich die westlichen Gefangenen mit frischem Obst und Gemüse und mit anderen Dingen, die ich für sie einkaufte oder die sie mir als Bestellung mitgaben. Manche hatten Geld von Deutschland überwiesen bekommen, das wir für sie verwalteten. Andere waren völlig mittellos und wir bezahlten ihren Einkauf vom Guthaben der Wohngemeinschaft oder Spenden, die wir für diesen Zweck zu Verfügung gestellt bekamen.

Eine weitere Aufgabe, die ich gerne wahrnahm, war der Besuch in den Kneipen und Restaurants, um mit anderen westlichen Touristen ins Gespräch zu kommen. Das nannten wir Outreach. Hierbei hielt ich besonders Ausschau nach Leuten, denen es offensichtlich nicht so gut ging und die mich an mein altes Leben erinnerten. Etlichen konnten wir weiterhelfen und vielleicht auch einige dadurch vor einem schlimmeren Absturz bewahren. Einer dieser Menschen war der oben schon erwähnte Michael. Leider ist er dennoch an einer Überdosis Heroin gestorben. Aber etliche andere nahmen später nochmals Kontakt mit uns auf. Meistens waren sie dann in irgendeiner Notlage wie Krankheit, waren beklaut worden oder steckten in Schwierigkeiten mit der Polizei oder mit der Visabehörde.

Ich hatte schon über Monate hinweg Audiokassetten von Jugend mit einer Mission aus Hurlach (Bayern) gehört. Die Themen wurden im Rahmen einer sogenannten Jüngerschaftschule (DTS – Discipleship Training School) gelehrt und die Kassetten befanden sich in der Bibliothek der Wohngemeinschaft.

Auf einer der Kassetten wurde das Thema Wiedergut-machung behandelt und die Kraft des reinen Gewissens. Ich beschloss, eine Liste zu erstellen von Dingen, welche ich wieder in Ordnung bringen sollte und wollte. Die Liste wurde lang und als ich sie vor mir liegen sah und realisierte, wie viel Schaden ich anderen Menschen zu-gefügt hatte, wurde mir so unwohl, dass ich sinngemäß zu Gott betete: „Bitte nimm du all diese Sachen in deine Hand und hilf mir, das wiedergutzumachen, was ich kann. Zeige mir den richtigen Zeitpunkt dafür und gib mir die Kraft und Weisheit dazu. Amen." Diese Liste, bzw. dieses Thema sollte später noch sehr wichtig für mich werden.

In mir wuchs inzwischen der Wunsch, eine Bibelschule zu besuchen. Ich malte mir aus, wie ich an der Jünger-schaftsschule in Indien bei YWAM* teilnehmen würde. Der monatliche Schulbeitrag betrug nur 50 Dollar. Für diese Summe wollte ich Gott im Gebet bitten, sie mir, auf welche Weise auch immer, zukommen zu lassen. Ich ging also voller Freude zu Johan, um ihn von meinem neu-esten Vorhaben zu unterrichten.

Als ich ihm meine Idee erzählte, fragte er mich: „Und wann gehst du zurück nach Deutschland?" Mir blieb die Spucke weg. Nach Deutschland? Daran hatte ich über-haupt nicht gedacht. Ich wollte die Schule in Indien besuchen oder von mir aus sonst wo auf der Welt, nur nicht in Deutschland. Doch in diesem Augenblick wusste ich schon, dass ich zurück gehen würde, denn ich hatte gelernt, auf die Führung des Heiligen Geistes zu vertrauen,

*Youth With A Mission: Internationale Missionsorganisation

war er mir doch zu einem guten Freund und Beistand geworden. Seine Leitung machte sich immer durch innere Unruhe bemerkbar, wenn bei einer Entscheidung mein Wunsch im Gegensatz zu seinem Plan stand. Ich spürte erst dann Frieden, wenn ich mich entschied, seinen Weg zu gehen.

Mittlerweile war ich nun bis auf die vierwöchige Unterbrechung durch meinen Flug nach Barcelona seit über zwei Jahre in Indien und Nepal. Doch dann kam der Tag, an dem die innere Stimme in mir sprach: „Ja, jetzt ist es Zeit für dich, zurück nach Deutschland zu gehen!" Das war nun nicht mehr überraschend für mich, war ich doch innerlich darauf seit Monaten vorbereitet. Meine Gefühle schwankten zwischen Freude und Spannung, wieder nach Hause zu fliegen, und dem Schmerz, Nepal zu verlassen. Ich fühlte mich hier wohl und zuhause. Auch hatte ich mich an den Lebensstil gewöhnt und der materielle Lebensstil im Westen reizte mich ja überhaupt nicht.

Die nächsten Wochen war ich damit beschäftigt, meine Rückreise vorzubereiten. Auch schrieb ich meine Bewerbung für die Bibelschule nach Hurlach.

Fiel mir die Trennung von der Wohngemeinschaft schon nicht leicht, so wurde für mich die Trennung von Lou besonders schwer. Sie war langjährige Mitarbeiterin im Dilaram House und kam aus Australien. Ich war sehr verliebt in sie, doch sie hatte mir einen Korb gegeben. Darüber hinaus hatte sie sich auch mit Jeff, einem WG-Mitarbeiter, angefreundet. Ich hoffte, dass sie meine Frau werden würde und wollte deshalb innerlich nicht von ihr los lassen. Wir mochten uns, doch legte ich in ihre Zuneigung mir gegenüber mehr hinein, als sie für mich empfand. Lou erklärte mir das und ich spürte, wie diese Aussage wieder einmal mein Grundgefühl von Ablehnung traf. Äußerlich und in Worten akzeptierte ich ihre Entscheidung. Dennoch, innerlich setzte sich ein gewisser Schmerz fest.

Die nächste Hürde, die sich meiner Heimreise in den Weg stellte, war meine finanzielle Situation. Ich hatte keinen Cent, um mir ein Flugticket von Neu-Delhi nach Frankfurt zu kaufen.

An einem Sonntag, nach dem Gottesdienst, kam der Pastor mit einem Verantwortlichen der Kirche auf mich zu und drückte mir einen Umschlag in die Hand. Er enthielt mein Flugticket nach Deutschland. Ich war überwältigt und freute mich riesig. Das Geld dafür hatte man in der Gemeinde zusammengelegt, nachdem Johan dort meine Situation erklärt hatte, ohne dass ich davon wusste.

Es war an einem frühen Morgen im Januar, als ich im Bus von Kathmandu nach Lucknow (Indien) saß. Von dort wollte ich den Zug nach Neu-Delhi nehmen, um dann mit dem Flugzeug nach Frankfurt zu fliegen. Der Bus war bis auf den letzten Platz besetzt und die Abfahrtzeit war längst überschritten. Es gab jedoch einen Streit, da mehr Tickets für diesen Bus verkauft worden waren, als es Plätze gab. Genau gesagt handelte es sich um einen Platz. Ich saß in der zweiten Sitzreihe hinter dem Fahrer und hatte für die Verhältnisse einen recht komfortablen Platz. Während ich der Auseinandersetzung zusah, sprach es in mir: "Steige aus dem Bus aus und überlasse diesem Mann deinen Platz!" Der Gedanke war mir zu absurd und ich verdrängte ihn unablässig. Schließlich konnte der Streit geschlichtet werden und wir fuhren mit einer Stunde Verspätung ab.

Nach etwa zwei Stunden Fahrt, ich döste gerade so vor mich hin, den Kopf an die Scheibe gelehnt, da wachte ich durch einen schmerzhaften Schlag an meinem Kopf auf. Als ich die Augen öffnete sah ich vor uns einen LKW stehen. Mit diesem waren wir offensichtlich zusammengestoßen, wobei mein Kopf wohl gegen die Innenseite des Fensterrahmens geprallt war. Da ich ganz vorne saß, konnte ich den Bus als Erster verlassen. Plötzlich wurde mir schwindelig und etwas Warmes lief mir ins Gesicht. Mein Kopf schmerzte, und ich fasste mit der Hand an die Stelle. Als ich sie zurückzog, war sie voller Blut. Ich legte mich an den Straßenrand und presste die Hand auf die Wunde. Irgendwann standen einige Nepalesen um mich herum und diskutierten, wild gestikulierend, miteinander. Unerwartet sprach mich eine Frau auf Deutsch an. Sie war mit ihrem Mann in einem Taxi unterwegs und hatte den Fahrer überredet, mich in dem Taxi mitzunehmen.

Wir fuhren zurück nach Kathmandu. Ich lag auf dem Rücksitz, den Kopf auf dem Schoß der Frau. Der Fahrer ging bei dem Transport ein großes Risiko ein, da er, falls ich in dem Taxi sterben würde, die Schuld an meinem Tod tragen würde. Das war nepalesisches Gesetz. Also lieber einen Verletzten am Straßenrand liegen lassen mit dem Risiko, dass er dort stirbt, als zu versuchen, ihm zu helfen. Ich weiß gar nicht, ob es dort zu der Zeit überhaupt so etwas wie einen Krankenwagen in der Nähe gegeben hätte.

Nach wiederum ca. zwei Stunden Fahrt kamen wir im Krankenhaus in Kathmandu an. Ich hatte eine etwa fünf Zentimeter lange Wunde an der Stirn. Durch den Aufprall hatte ich mir einen Schnitt an dem scharfkantigen Alurahmen des Schiebefensters zugezogen. Was ich allerdings nicht bemerkt hatte, war eine kleinere Wunde am Hinterkopf, mit der ich im Straßenstaub gelegen hatte. Diese sollte mir später noch schwer zu schaffen machen.

Sue, eine Mitarbeiterin vom Dilaram House, ursprünglich aus England, arbeitete stundenweise ehrenamtlich in dem Krankenhaus als Krankenschwester. Sie war gerade dort und kam zu mir in die Ambulanz. Dann verständigte sie Johan und nachdem die Wunden versorgt waren, brachten die beiden mich ins Dilaram House zurück.

Nun lag ich doch wieder in meinem Bett, und ich fragte Gott, was das mit dem Unfall auf sich haben sollte. Mir kam als Antwort, dass Gott noch viel mit mir vorhabe und der Feind es auf mein Leben abgesehen habe. Offensichtlich war dies ein Versuch gewesen, mich zu töten. Aber hatte mich der Herr nicht vorher gewarnt? Nun hatte ich eine wichtige Sache bitterlich lernen müssen. In Zukunft würde ich sensibler auf die Stimme des Heiligen Geistes reagieren und auch danach handeln, selbst wenn es mir unlogisch erschien.

Eigentlich hatte ich mich ja schon von allen hier im Haus verabschiedet, das heißt, ich hatte mich von fast allen verabschiedet, nur nicht von Lou. Als ich abfuhr, war sie auf dem Weg nach Indien gewesen, um sich ein neues Visum für Nepal zu besorgen. Der Aufenthalt in Nepal war nämlich mit einem Touristenvisum maximal für drei Monate erlaubt. Danach musste man für mindestens einen Tag das Land verlassen und durfte dann wieder für weitere drei Monate in Nepal einreisen. So kam Lou auch nach zwei Tagen wieder zurück.

Jetzt hatte ich jedoch noch die eine Sache zu erledigen: ich sollte und musste mich von Lou, meiner heimlichen Liebe, richtig verabschieden. Das war schmerzhaft für mich, wusste ich doch, dass sie nicht meine Frau werden sollte und ich somit auch keine heimlichen Wünsche diesbezüglich in meinem Herzen mit nach Deutschland nehmen durfte. Nun hatte ich die Gelegenheit, mich noch einmal mit Lou auszusprechen und danach konnte ich sie auch innerlich loslassen. Ich erlebte, wie Gott mir den Kummer und die Gefühle im Hinblick auf Lou nahm. Ich war dankbar dafür. Später habe ich erfahren, dass sie Jeff geheiratet hat.

Die Gemeinde hatte von meinem Unfall erfahren und sie sammelten erneut Geld, diesmal für ein Flugticket direkt von Kathmandu nach Neu-Delhi. Dadurch kam ich in den Genuss, den Himalaja von oben zu sehen. Der Flug war atemberaubend! So hatte ich den Himalaja noch nie gesehen. Eine endlose Weite und ein Meer von schnee-bedeckten Gipfeln. Der Pilot beschrieb einige Bergket-ten und wir flogen eine ganze Weile die Berge ab, bevor das Flugzeug die Richtung in die Ebene nach Westen einschlug. Mir wurde plötzlich klar, dass dies das Ende

meiner Asienreise war. Ursprünglich wollte ich für mindestens zwei Jahre wegbleiben, um mich selbst zu finden.
Nun waren fast zweieinhalb Jahre vergangen, seit ich
Europa verlassen hatte. Ich hatte nicht nur zu mir selbst
gefunden, sondern auch zu Gott. Ich war gespannt, was
das Leben, bzw. Jesus noch für mich bereithalten würde.

23. Zurück in Deutschland

Es war Ende Januar, als ich zurück nach Deutschland kam. Es fiel mir unglaublich schwer, mich wieder einzugewöhnen. Der materielle Überfluss erschlug mich förmlich und ich vermied es weitgehend, in ein Geschäft zu gehen, um irgendetwas einzukaufen.

Mir war es ein großes Anliegen, mein neu begonnenes Leben in Deutschland fortzuführen. Dazu gehörte auch die Wiedergutmachung. Gott hatte mir vergeben, das wusste ich, doch war mir schon seit Monaten klar, dass noch einige schwere Gänge auf mich warteten. Ich hatte ja schon eine Liste angefertigt mit Personen und Geschäften, wo ich früher begangene Delikte in Ordnung bringen wollte. Die Liste war lang und ich fing mit meinen ersten Dingen aus meiner Kindheit an.

Da waren drei ledige Frauen, Schwestern, von denen jede für sich früher einmal einen Laden besaß. Ich ging zu einem der Läden, der mittlerweile aus Altersgründen geschlossen war. Doch zwei von den Schwestern lebten noch in dem Haus und eine kam an die Tür. Während ich ihr erzählte, wer ich war, konnte sie sich an mich erinnern. Ich war sehr angespannt, als ich ihr beichtete, dass ich in ihrem Laden Süßigkeiten gestohlen hatte. Die Sache war mir äußerst peinlich und ich schämte mich sehr. Wie würde sie reagieren? Zu meiner Überraschung sagte sie mir, dass sie und ihre Schwestern das schon immer gewusst hätten. Sie hätten aber nie etwas gesagt, da wir so arm waren und wir ihnen leidtaten. Außerdem erzählte sie mir, sie habe es schon einmal erlebt, wie jemand zu ihnen gekommen sei und um Vergebung gebeten habe. Sie vergab mir und brachte mir gegenüber sogar ihre

Wertschätzung zum Ausdruck, dass ich so viel Courage aufgebracht hatte. Ich spürte eine große Erleichterung und Zuversicht. Wieder wurde ich von diesem Frieden und der Freude erfüllt, durch welche sich Gott bei mir bemerkbar machte.

Nach dieser guten Erfahrung setzte ich meine Wiedergutmachungsanliegen fort. Ich besuchte noch etliche Läden, wo ich gestohlen hatte, und alle Besitzer waren bereit, mir zu vergeben. Bei einigen gab ich Geld in eine im Geschäft aufgestellte Spendendose, bei anderen brauchte ich nichts zurückzuzahlen. Ich fühlte mich von Mal zu Mal befreiter.

Dann war da war noch ein Arzt, von dem ich als Jugendlicher das Rennrad seines Sohnes gestohlen hatte und auch noch eine Versicherung, die ich betrogen hatte. Auch hier schätzten die Betroffenen meine Ehrlichkeit, und da die Fälle schon alle mehrere Jahre zurücklagen, musste ich auch hier keine Rückzahlung leisten.

Nun hatte ich noch eine große Sache offen: das Arbeitsamt, von dem ich über ein Jahr lang unrechtmäßig Arbeitslosengeld bezogen hatte. Als ich zu dem Sachbearbeiter ging, konnte er es kaum glauben, dass ich eine Selbstanzeige vornahm. Er machte mich darauf aufmerksam, dass es strafrechtliche Folgen für mich haben konnte. Dennoch bestand ich auf die Richtigstellung der Tatsachen. Monate später, ich war schon auf der Jüngerschaftsschule in Hurlach, bekam ich einen Bescheid mit der Aufforderung, über 6000 DM an das Amt zurückzuzahlen. Von einer Anzeige wurde kulanterweise abgesehen. Wahrscheinlich aufgrund meiner Selbstanzeige, in der ich meine Tat auch bereute.

Auch bei meinen Eltern und Geschwistern entschuldigte ich mich für das ein oder andere Verhalten. Ich hatte oft egozentrisch gehandelt und nicht danach gefragt wie es ihnen damit ging. Den Kummer, den sich meine Familie deshalb machte und die entstandenen Sorgen, wurde mir erst dadurch bewusst.

Es war insgesamt ein wichtiger Prozess, meine Vergangenheit zu verarbeiten, um mit mir selbst und mit meinen Mitmenschen und Gott, ins Reine zu kommen. Die Liste, die ich damals in Kathmandu erstellt und später noch ergänzt hatte, konnte ich so ziemlich komplett abarbeiten. Jeder Brief, den ich diesbezüglich schrieb, jeder Gang zu einem meiner Geschädigten, erfüllte mein Herz zuerst mit Unbehagen. Doch nach jedem Schritt überkam mich ein Gefühl der Freiheit. Diesen Prozess der Wiedergutmachung begleitete ich die ganze Zeit im Gebet vor Gott und bat auch christliche Freunde, mich dabei zu unterstützen. Der ganze Weg war letztlich mehr von Freude und Anerkennung gekennzeichnet, als von negativen Reaktionen.

Eine weitere Veränderung bemerkte ich an mir. Meine Denkweise, sowohl im Hinblick auf Recht und Unrecht, als auch in Bezug auf Opfer und Täter, rückte in ein anderes Licht. So wurde mir z. B. bewusst, dass auch jemand, der mehr besitzt als ich, Angst und Schmerzen empfindet, wenn ihm etwas gestohlen wird. Darüber hatte ich früher nie wirklich nachgedacht. Außerdem empfand ich kaum noch Neid, wenn es jemandem gut ging und er Glück hatte. Ich konnte mich nun über ihn und mit ihm freuen. Dadurch, dass mir vergeben wurde, wurde ich auch nachsichtiger in Hinsicht auf mein eigenes Versagen und meine Fehler, aber auch gegenüber dem Verschulden anderer.

Durch die mir zuerkannte Vergebung meiner Schuld empfand ich echte Freiheit und bis heute liegt eine große Lebenskraft und Freude in meinem bereinigten Gewissen. Ich hatte einen Weg entdeckt, Frieden und Heilung nicht nur in mein Leben zu bringen, sondern auch in das Leben meiner Opfer. Mit etlichen konnte ich mich sogar über meine Beweggründe für mein falsches Handeln unterhalten und manche gaben mir zu verstehen, dass es Ihnen sehr geholfen habe, ihre Sichtweise über Süchtige und Kriminelle zum Positiven zu ändern. Ohne diese Erfahrungen hätte es mir in meiner späteren Tätigkeit ganz sicherlich an der Autorität gefehlt, andere zu einem ähnlichen Schritt zu ermutigen.

24. YWAM

Während meiner ersten Zeit zurück in Deutschland durfte ich bei meiner Schwester und ihrem Mann in Brunsbüttel wohnen, und weil es in dem Krankenhaus dort gerade einen personellen Engpass gab, konnte ich dort auch jobben.

Nach einigen Tagen bekam ich heftige Zahnschmerzen und ging zum Zahnarzt. Danach bekam ich Fieberschauer über 40 Grad und man vermutete zunächst, dass es von der Zahnbehandlung herrühre und brachte mich ins Krankenhaus. Als ich dort aber eine Gelbsucht bekam, welche auf Hepatitis hinwies, verlegte man mich ins Tropenkrankenhaus nach Hamburg. Hier kam ich in Quarantäne. Es stellte sich heraus, dass ich eine Hepatitis-A-Infektion hatte mit einem ungewöhnlich schweren Verlauf. Wahrscheinlich hatte ich mir den Virus durch die kleine Wunde am Hinterkopf bei dem Unfall in Nepal zugezogen. Sechs Wochen später aber war ich wieder gut hergestellt und konnte sogar die Arbeit im Krankenhaus erneut aufnehmen.

Im April startete ich wie geplant mit der Jüngerschaftschule (DTS – Discipleship Training School) bei Jugend mit einer Mission (YWAM) in Hurlach. Wir waren über 30 Teilnehmer, jüngere und ältere, sowohl alleinstehende Männer und Frauen als auch ein paar Ehepaare. Die Teilnehmer hatten alle eine unterschiedliche Glaubensprägung: sowohl katholisch, evangelisch als auch freikirchlich. In den drei Monaten der Theoriephase ging es darum, Gott und die Bibel besser kennen zu lernen. Aber wir lernten auch, in der Gemeinschaft mit anderen zusammen zu leben und den anderen so anzunehmen, wie er ist. Einige Kurse bezogen sich auf die Aufarbeitung der eigenen Vergangenheit und hatten seelsorgerlichen und therapeutischen Charakter. Das war auch eine wichtige Voraussetzung für die spätere Arbeit in der Mission und von großem Nutzten, wollte man doch helfen und sich nicht primär um seine eigenen Probleme drehen.

Jede Woche wechselten die Themen und die Referenten. Inhalte wie „Das Vaterherz Gottes", „Wie verändert Gott mein Leben?", „Wie kann ich die Liebe Gottes an Menschen auf kreative Weise weitergeben?" und weitere wurden behandelt und in Kleingruppen vertieft. Am Ende dieser drei Monate waren alle gestärkt und gut vorbereitet, die Liebe Gottes an Menschen weiter zugeben, die noch nie davon gehört hatten.

Der darauf folgende fünfmonatige praktische Einsatz konnte kommen und wir sollten uns für ein Einsatzgebiet entscheiden. Zur Auswahl standen unter anderem Afrika, Thailand, Hamburg. Ich wollte demütig, bzw. bescheiden erscheinen und erwähnte die Einsatzwünsche in der oben genannten Reihenfolge. Eigentlich hätte ich am liebsten nur Afrika geschrieben, da das meiner Abenteuerlust entsprach. Soviel hatte ich jedoch in meinem jungen Wandel als Christ schon gelernt, dass Demut eine erstrebenswerte Tugend ist. In Deutschland zu bleiben, drückte eben diese Bescheidenheit aus. In der Tat war es natürlich doch viel attraktiver, ins Ausland zu gehen. Bei dem mir zunächst widerstrebenden Gedanken an Hamburg „wusste" ich aber plötzlich, dass Gott mich dort haben wollte. Daher überraschte es mich nicht, als die

Mitarbeiter mir verkündeten, dass Hamburg ein guter Einsatzort für mich sein würde.

Während die anderen in Teams nach Afrika und Thailand flogen, machte ich mich also auf den Weg zu Jugend mit einer Mission in Hamburg. Dort gingen wir auf die Straße oder in die Drogenszene am Bahnhof oder in die Parks, wo wir mit Musik, Tanz und Theater auf uns aufmerksam machten. Danach kam es meistens zu guten persönlichen Gesprächen. Hier konnte ich über die positive Veränderung in meinem Leben berichten. Nicht selten durfte ich mit meinen Gesprächspartnern beten und häufig machten sie auch eine spürbare Erfahrung von der Liebe Gottes. Sie fühlten eine neue hoffnungsvolle Zuversicht, dass sich ihr aussichtsloses Leben in ein besseres verwandeln könne. Es entstanden Freundschaften und den einen oder anderen konnten wir in eine Therapie oder eine christliche Gemeinschaft bzw. Gemeinde vermitteln.

Ich spürte in diesen fünf Monaten, dass das meine Berufung und Bestimmung war: Menschen Mut zu machen, die keine Hoffnung haben, und in ihnen Vertrauen in ein besseres Leben zu wecken. Mein Dasein hatte einen neuen Sinn bekommen.

Nachdem ich meine DTS (Jüngerschaftsschule) beendet hatte, suchte ich mir einen Teilzeitjob in einem Krankenhaus in Hamburg. Dort konnte ich als Krankenpfleger in der Nachtwache arbeiten. Ich besetzte hier eine halbe Stelle und verdiente genügend Geld, um meine Verbindlichkeit beim Arbeitsamt zurückzuzahlen. Nach einem Jahr hatte ich alle meine Schulden abbezahlt und ich reduzierte meine Arbeit nochmals um 50 Prozent. Dadurch hatte ich genügend Zeit, mich um mich selbst zu kümmern und um Menschen, die auf der Straße lebten, welche meistens auch eine Suchtproblematik hatten. Ich blieb weiterhin als Mitarbeiter bei Jugend mit einer Mission in Hamburg-Altona. Für meine Zukunft hatte sich aber auch in mir der Wunsch entwickelt, in einer Lebensgemeinschaft, mit anderen zusammenzuleben, mit Menschen in Not. Ich empfand auch, dass das Gottes Plan für mein Leben wäre.

25. Meike

Im Nachhinein erwies sich Hamburg noch aus einem anderen Grund als großes Glück für mich, denn dort lernte ich meine Frau kennen. Wie schon gesagt, spürte ich, dass Gott mich in den Dienst an bedürftigen Menschen am Rande unserer Gesellschaft berufen wollte. Doch fühlte ich mich überfordert, womöglich allein in solch einer Arbeit zu stehen. Außerdem sehnte ich mich schon lange nach einer Partnerin fürs Leben und so bat ich Gott darum, mir die richtige Frau, seine Auserwählte an die Seite zu stellen. Und ich hatte so eine Ahnung, dass eine von den ledigen Frauen aus unserer Frauen WG für mich bestimmt sein könnte, doch dabei blieb es zunächst auch erst einmal.

Nachdem ich schon über ein Jahr in Hamburg lebte, tauchte Meike in unserer Wohngemeinschaft auf, um herauszufinden, ob sie in unser Team passen könnte. Sie hatte ihr Sozialpädagogikstudium abgeschlossen und arbeitete nun für ein Jahr mit drogenabhängigen Frauen bei Teen Challenge. Das fand ich interessant. Außerdem hatte sie schon Missionserfahrung in Asien und interessierte sich besonders für Indien. Als ich sie das erste Mal sah, wirkte sie in ihrem Kleidungsstil irgendwie zugeknöpft auf mich. Doch der Schein trug gewaltig. Meike entpuppte sich als sehr lebensfroh, sie lachte, sang und tanzte gerne, und das gefiel mir. Dass sich noch mehr daraus entwickeln würde, ahnten wir zu diesem Zeitpunkt noch nicht.

Meike kam schließlich ein halbes Jahr später in unser Team. Es war gerade eine Mitarbeiterklausur angesetzt worden. Diese fand in der Nähe von Hamburg in einem wunderschönen großen und alten Rieddachhaus statt.

Am letzten Tag nahmen wir uns alle eine Stunde Zeit, um in die Stille vor Gott zu gehen und um zu fragen, was er für einen jeden von uns in der nahen Zukunft vorhabe. Solche Zeiten empfand ich immer als sehr spannend und wertvoll, machte ich doch häufig die Erfahrung, dass Gott tatsächlich zu meinem Herzen sprach. Meistens verlief das so: Ich sagte Gott, dass ich auf ihn hören wolle und dass er doch zu mir sprechen möge. Dann kamen mir Gedanken in den Sinn, die ich auch ab und zu niederschrieb. Später war es dann interessant zu sehen, dass die Dinge, die ich aufschrieb bzw. dachte, sich wirklich erfüllten.

Als ich nun so in der Stille spazieren ging, spürte ich plötzlich, wie eine Stimme zu mir sprach: „Noch in diesem Jahr wirst du deine Frau kennenlernen!" Ich schlug einfach die Bibel willkürlich auf und stieß auf Psalm 128, worin es in etwa heißt, dass es dem Manne gut ergeht, der Gott gehorcht und nach dessen Anweisungen handelt, denn … was du dir erarbeitest, daran wirst du dich auch erfreuen können. Deine Frau gleicht einem fruchtbaren Weinstock und deine Kinder gleichen jungen Ölbaumtrieben. So wird ein Mann gesegnet werden, der Gott ehrt. Der Herr wird ihn segnen, dass er eines Tages die Kinder seiner Kinder sehen wird.

Ich hüpfte und sprang vor Freude. Das konnte kein Zufall sein. Ich wusste, Gott hatte zu mir gesprochen. Wir kamen dann als Team zusammen und jeder erzählte, was er gerade mit Gott erlebt hatte. Als ich an der Reihe war, erzählte ich mein Erlebnis und einige, so konnte ich beobachten, verdrehten die Augen, schmunzelnd, ungläubig oder auch beides. Doch ich ließ mich nicht beirren.

Am Ende der Mitarbeitertagung machte sich Meike an die von ihr übernommene Aufgabe, die Putzdienste für das Haus zu verteilen. Ich war schwer beeindruckt, mit wie viel Kompetenz und Freundlichkeit sie diese Aufgabe erledigte und indem ich ihr Organisationstalent und ihr freundliches Wesen wahrnahm, wusste ich in diesem Augenblick: „Dies ist deine Frau." Ich sprach aber erst einmal mit niemandem darüber und verliebte mich von Tag zu Tag mehr in sie. Sie ahnte nichts und ich konnte somit ohne jegliches Wissen ihrerseits meine Eindrücke sammeln und verarbeiten.

Bald darauf zog ich mich in ein Wochenendhaus in Asendorf in der Nordheide zurück. Das wurde uns als Team von einer Unterstützerin unseres Dienstes angeboten. Ich fastete und betete über mehrere Tage. Es war Herbst und meine Stimmung sehr melancholisch. Mal schien die Sonne, mal war es neblig und trübe und genauso war es auch in mir. Ich machte ausgiebige Spaziergänge und hatte lange Dialoge oder doch eher Monologe mit Gott. Der Eindruck, dass Meike meine zukünftige Frau werden sollte, verfestigte sich in mir. Sie wusste immer noch nichts davon, und ich rang um Vertrauen und Mut, es ihr gestehen zu können. Dann allerdings würde sich die Stunde der Wahrheit zeigen. Würde ich wieder eine enttäuschende Absage erhalten oder war dies tatsächlich Gottes Führung?

Einige Wochen später, es war kurz vor Weihnachten, beschloss ich Meike zu fragen, ob sie sich eine Beziehung mit mir vorstellen könne. Es schien mir eine gute Gelegenheit zu kommen, als fast alle aus der Wohngemeinschaft über Weihnachten zu ihren Familien fuhren. Ich hatte Nachtschicht im Krankenhaus und Meike arbeitete im Hafen in einer Fischfabrik, wo sie Fisch verkaufte. Wir hatten uns für diesen Abend auf einen Tee verabredet. Nach der Arbeit entdeckte Meike auf ihrem Schreibtisch eine Rose, die ich ihr dort hingestellt hatte. Das kam ihr merkwürdig vor, das musste ein Missverständnis sein und so kam sie zu unserer Verabredung in der Absicht, es zu klären. Gleich bei der ersten Tasse Tee gestand ich ihr, dass ich total in sie verliebt sei. Meike war völlig überrascht und entgegnete mir, dass sie leider keinerlei Ambitionen bezüglich einer Beziehung mit mir habe. Als ich ihr jedoch erzählte, dass ich schon seit Monaten für sie gebetet habe und ich mich durch ihre Zurückhaltung nicht irritieren ließ, beschloss sie, über die Sache zu beten und bei Gott Rat zu suchen.

Wir trafen uns des Öfteren und erzählten einander unser Leben und unseren Werdegang. Dabei stellten wir fest, dass wir beide uns als Jugendliche in den gleichen Kreisen bzw. in der gleichen Szene aufgehalten hatten, die gleiche Musik gehört und bedeutsame Reiseerlebnisse auf Kreta hatten. Sie lebte zeitweise sogar an dem gleichen Strand (Como Beach) wie ich. Der Höhepunkt aber war, als ich ihr von meiner Vision erzählte, mit suchtkranken Menschen zusammenleben zu wollen, um ihnen zu helfen, einen neuen Lebensweg einzuschlagen. Da merkten wir, dass Meike exakt die gleichen Dinge auf dem Herzen hatte wie ich. Durch das gemeinsame Arbeiten bei Jugend mit einer Mission und das WG-Leben lernten wir uns weiterhin besser kennen. Auch bei Meike entwickelte sich aus anfänglicher Freundschaft Liebe. Und so verliebten wir uns immer mehr in einander. Nun, ich kürze die Geschichte ab. Wir feierten im Januar 1989 eine wunderschöne Hochzeit und sind mittlerweile seit über 27 Jahre verheiratet und ich darf die Kinder meiner Kinder sehen und genießen, wie in Psalm 128 beschrieben.

Bis 1991 arbeitete ich vollzeitlich, ehrenamtlich bei Jugend mit einer Mission in Hamburg in der Straßen-, Café- und Evangelisationsarbeit. Im Krankenhaus arbeitete ich gerade mal so viel, dass es für die Finanzierung unserer Grundbedürfnisse ausreichte. Über mehrere Jahre betrieben wir ein Café in der Holstenstraße, das wir mehrere Nachmittage in der Woche öffneten, um einen Ort der Begegnung zu schaffen. Wir gaben Kaffee und selbstgebackenen Kuchen kostenlos aus. Viele neue Besucher waren verwundert, wenn sie die Rechnung verlangten und wir ihnen mitteilten, warum wir sie einluden. Manche fütterten dann unser Spendenschwein. Die meisten Menschen jedoch, die in das Café kamen, waren in einer sozialen Notlage und etlichen konnten wir durch Zuhören und Gebet helfen oder durch Beratung in andere Hilfsangebote weitervermitteln.

Eines Abends, es war am Ende der Öffnungszeit, bat ich den letzten Gast, das Café zu verlassen. Es war ein merkwürdiger Mann, vielleicht Anfang vierzig, der schon mehrere Stunden im Café gesessen, nicht geredet und etliche Tassen Kaffee getrunken hatte. Wiederwillig folgte er meiner Aufforderung, zu gehen und ich begleitete ihn zur Tür. Plötzlich drehte er sich um, schaute mich hasserfüllt an und riss an meinem Pullover. Er war im Begriff, mich zu schlagen. Reflexartig und dabei bestimmend wies ich

ihn an: „In Jesu Namen lass sofort los und sei friedlich!"
Erstaunt schaute er mich an und ließ mich los, drehte sich
um und machte sich laut fluchend davon.

Regelmäßig gingen wir auch in die Drogenszene nach
Hamburg Altona oder zum Hauptbahnhof und auch zum
Hansaplatz. Die Junkies hingen an den Plätzen herum
und waren auf der Suche nach Stoff (Heroin oder Tabletten) und / oder bettelten um Geld. Wir hörten uns ihre
Geschichten an und lernten uns kennen. Den einen oder
anderen konnten wir zum Ausstieg aus der Sucht bewegen
und an eine christliche Therapie oder an das Jesuscenter
(ein christliches Café mit Beratungsstelle) im Schanzen-
viertel vermitteln.

Mit der Zeit festigte sich in uns immer mehr der Wunsch,
Menschen in Not in eine Wohngemeinschaft zur Krisenintervention aufzunehmen. Nur hatten wir leider kein
entsprechendes Haus dafür. Es war wieder einmal ein
Jahr mit einem strengen Winter. Die Alster war zuge-
froren und die Obdachlosen drohten auf der Straße zu
erfrieren. Ein katholischer Pfarrer mit Namen von Stock-
hausen hatte die Idee, eine Notschlafstelle aufzumachen
und fragte mich, ob ich dabei helfen würde. Das Kolpinghaus* in der Nähe des Hansaplatzes, also genau dem
Ort, wo wir uns sowieso um Menschen auf der Straße
kümmerten, stand leer und bot sich dafür an. Es war erst

*In der Mitte des 19 Jh. sind Kolpinghäuser sind aus der Not heraus entstanden, dass
Wandergesellen keine günstige Bleibe hatten, wenn sie auf der Wanderschaft und der
Suche nach Arbeit waren. Adolf Kolping gründete daraufhin solche Herbergen.
Heute sind die Kolpinghäuser Hotels, Vereinshäuser, soziale Wohnungen, Tagungs-
häuser etc..

kürzlich geschlossen worden, da es eigentlich von Grund auf saniert werden sollte. In den zahlreichen Zimmern waren noch Betten vorhanden und auch die Küche konnte wieder aktiviert werden. Wir waren in der Lage pro Nacht etwa 40 Männer und Frauen von der Straße unterzubringen und ihnen ein sauberes Bett und eine warme Suppe anzubieten. Morgens nach dem Frühstück mussten die Gäste das Kolpinghaus verlassen, durften aber am Abend wiederkommen.

Eines Abends kam ein völlig verwahrloster älterer Mann zur Aufnahme. Vielleicht war er Anfang vierzig, sah aber aus wie über 60. Seine Kleider waren so verdreckt und stinkend, dass ich mich entschloss, ihm ein Vollbad anzubieten. Er war sehr lieb und dankbar für die Hilfe, die er gerne annahm. Ich ließ ihm Wasser in die Wanne ein und half ihm, sich auszuziehen. Die Kleidung klebte förmlich an seiner Haut. Seine Beine waren gekennzeichnet von vielen Narben und geschwollen von teilweise offenen Wunden. Ich setzte ihn in die Wanne und ging in die Kleiderkammer, um für ihn saubere Kleidung zu besorgen. Als ich etwa eine viertel Stunde später zurückkam, wartete eine unangenehme Überraschung auf mich. Der Mann saß bis zur Brust in braunem Wasser und überall schwammen seine Ausscheidungen herum. Ich brauchte bestimmt zwei Stunden, um den Scheiß zu beseitigen. Das war mir eine Lehre. Von diesem Zeitpunkt an habe ich die Männer nur noch unter die Dusche gestellt.

Als der Frühling kam, wurde die Notschlafstelle zwar wieder geschlossen, doch der Pfarrer blieb nicht untätig. Er trat in Kontakt mit Mutter Theresa aus Kalkutta. Sie besuchte Hamburg und beschloss, einige Schwestern nach Hamburg zu schicken, um den Dienst an Obdachlosen fortzusetzen. Bei dieser Gelegenheit konnte ich sogar Mutter Theresa auch persönlich begegnen – das war sicherlich eins meiner Highlights im Leben. Diese kleine zierliche Frau, deren Hand zweimal in die meine passte, hatte eine unbeschreibliche Kraft und Autorität. Das Erlebnis ist mir heute noch Motivation und Inspiration für den Dienst an bedürftigen Menschen.

Wie schon gesagt dachten meine Frau und ich in all den Jahren immer daran, ein Haus für die Aufnahme von Bedürftigen zu eröffnen. Doch es kam anders. Nach fünf Jahren in Hamburg verspürten wir den Ruf Gottes, zu Teen Challenge zu wechseln. Das kam so: Auf unserer Suche nach einem geeigneten Konzept für Krisenintervention besuchten wir die Wohngemeinschaft das „Gute Land" in Bayern. Dort wurden Menschen, die aus der Sucht aussteigen wollten und Interesse am Leben in einer christlichen Gemeinschaft zeigten, aufgenommen.

Ein Jahr später wurde Meike und mir klar, dass wir an diesem Ort mit unserer Arbeit fortfahren sollten. Seit über 24 Jahren wohnen und arbeiten wir hier nun mit mehreren Familien auf einem Hof zusammen und teilen unser Leben mit den Männern, welche ein ähnliches Schicksal wie ich selbst erlitten haben. Hunderten konnten wir aus ihrer Not helfen und eine Weile auf ihrem neuen Lebensweg begleiten. Viele leben heute frei von Sucht und haben den Ausstieg aus einem kriminellen Lebensstil geschafft, soweit sie einen solchen gelebt haben.

Jesus hat mir damals in Indien gesagt, dass er einen Plan für mein Leben hat. Auf über dreißig Jahre zurückblickend kann ich sagen, dass das, was er mir damals für mein Leben gezeigt hat, in Erfüllung gegangen ist, nämlich Menschen, die in Sucht gefangen und ohne Hoffnung sind, den Weg in die Freiheit zu zeigen.

Er erzählte einmal eine Geschichte von dem sogenannten barmherzigen Samariter*, welcher einen Mann versorgte, der unter die Räuber gefallen war. Er behandelte seine Wunden und brachte ihn in eine Herberge. Dort gab er dem Wirt den Auftrag, sich um den Mann zu kümmern. Er bezahlte den Wirt und sagte ihm, dass er zurückkommen werde. Wenn er bis dahin mehr Geld ausgegeben habe, wollte er es dem Wirt auch noch erstatten.

Heute verstehe ich diese Geschichte so: Jesus selbst ist dieser barmherzige Samariter und ich darf der Wirt sein. In den vielen Jahren, in denen Meike und ich in diesem Dienst auf dem Guten Land tätig sind, durften wir die Versorgung Gottes erleben, oft auf übernatürliche Art und Weise. Nie hatten wir als Dienstgemeinschaft oder als Familie mit drei Kindern signifikanten Mangel zu verzeichnen. Gott versorgte uns mit allem, was wir brauchten, und noch darüber hinaus. Das Wichtigste und das Schönste aber an alle dem ist, miterleben zu dürfen, wie nicht nur mein Leben, sondern auch das von vielen anderen durch den Glauben an Christus mit neuer Hoffnung und neuem Sinn erfüllt wurde und noch wird. So schwer auch vieles in meinem Leben war, so zeigte sich doch, dass sich

*Neues Testament Lukas 10

meine Lebenserfahrungen im Nachhinein als von großem Nutzen herausstellten und ich kann heute dankbar darauf zurückblicken, dass Gott alles zum Guten gewendet hat.

26. Trauriger Nachtrag

Ich war schon seit einigen Jahren auf dem Guten Land und auch die Jahre über mit Anand in Verbindung geblieben. Er teilte mir eines Tages mit, dass John in Goa an einer Überdosis Heroin verstorben war.

27. Anhang

Das „Gute Land" ist eine Lebensgemeinschaft, die das Ziel hat, Männern aus ihrer Sucht herauszuhelfen. Wir wohnen als christliche Familien und Singles mit suchtkranken Männern zusammen auf einem Bauernhof. Die Hilfesuchenden erleben hier einen Schutzraum, in dem sie ihre Vergangenheit verarbeiten, alte Gewohnheiten ablegen und neue einüben können. Jedes Schicksal ist besonders und jeder Mensch in seiner Persönlichkeit einzigartig. Wir lernen als Gemeinschaft was es heißt, Gott zu lieben und ihm zu dienen. Das Gute Land wird zum größten Teil über Spenden und ehrenamtliche Mitarbeit finanziert.

Nähere Infos unter www.life-tc.de

Webseite zum Buch: www.dirk-hellmann.de

Brigitte und Frank Hansen, Gudrun Lahme

Das Ende war der Anfang

Ein Mutmachbuch für Eltern von Kindern, die Drogen nehmen

Eine Mutter erzählt ehrlich, wie sie die Sucht ihres Sohnes erlebte. Wie geht man als Eltern damit um, ohne selber dabei kaputt zu gehen? „Mach dir keine Sorgen, ich kann jederzeit wieder aufhören, ich habe alles unter Kontrolle!" Sieben Jahre lang sind die Nadeln und Heroin Franks feste Begleiter. Mit 14 Jahren raucht er in der Clique seinen ersten Joint. Mit 18 macht er die Bekanntschaft mit Heroin. Er kifft, kokst, spritzt und dealt. Frank ist am Ende. Aber nicht nur er, auch seine Mutter. So scheint es. Da tun sich ganz neue Möglichkeiten auf. Kein hoffnungsloser Fall, kein ewiger Junkie. Handschellen retten Franks Leben! Seitdem hasst er die Sucht und vermisst seine Familie. Tatsächlich steht er mit 26 Jahren am Beginn eines neuen Lebens – ohne Drogen. Er schafft den Absprung. In der Therapie lernt er Johanna kennen ...

Paperback, 128 Seiten,
2. erweiterte Auflage, 2014,
Bestell-Nr. 180644,
ISBN 978-3-941186-44
Preis: z. Zt. 10,90 €

Curt Grayson, Jan Johnson

Versöhnt
mit der Vergangenheit

Wege zur Heilung seelischer Verletzungen

Frustrierende Erfahrungen und Verletzungen aus der Vergangenheit blockieren häufig unser Leben. Unerklärliche Traurigkeit, Verlassenheitsängste und Schuldgefühle nehmen Lebensfreude und behindern ein vertrauensvolles Leben im Glauben. Geschickt verbinden die Autoren ihre ergreifenden persönlichen Berichte mit praktischen Hinweisen, wie das eigene Leben leichter bewältigt und ein besseres Verhältnis zu Gott und Menschen erreicht werden kann. Der Ehe- und Familientherapeut Curt Grayson und die Journalistin und Bibellehrerin Jan Johnson beantworten viele Fragen und geben Anregungen zum Nachdenken und zur persönlichen Weiterarbeit, damit Versöhnung mit der Vergangenheit neue Lebensmöglichkeiten eröffnet. Aus dem Inhaltsverzeichnis: Verletzungen, die die Seele blockieren: Menschsein – Lust oder Last?; Verhaltensmuster, die unsere Entwicklung behindern; Hinter den Kulissen; Rollen aus der Kindheit; Erwachsen werden – aber wie?; Den Schmerz betäuben; Verzerrtes Gottesbild; Hilfen zur Heilung: Wir prüfen uns selbst; Wir hören in uns hinein; Wir brauchen die anderen . . .

Paperback, 160 Seiten,
Bestell-Nr. 180151,
ISBN 978-3-89175-151-6
Preis: z. Zt. 11,50 €

Renate Herten

Das verhängnisvolle Versprechen

Biografie
Mutmachbuch – den eigenen Weg zu gehen

Während einer Gerichtsverhandlung gibt sich Renate ein inneres Versprechen, dem Angeklagten Hartmut zu helfen, der der gewalttätigen Körperverletzung unter Alkoholeinfluss beschuldigt wird. Anfänglich hätte sie das Versprechen noch auflösen können, doch Familienzwänge und dann die später mit ihm eingegangene Ehe, lassen es zu einem unauflösbaren Gelübde werden, dass ihr geradezu unmenschliches abverlangt. In ihrer Not wendet sie sich wieder ihrem in der Jugend verloren gegangenen Glauben zu. Sie bittet Gott um Hilfe und schließt sich einer Gemeinde an. Nach einiger Zeit öffnet sich Hartmut mehr und mehr dieser Gemeinde. Wird nun alles gut?

Renate Herten, geboren 1942 in Ostpreußen und 1945 nach Norddeutschland geflüchtet, lebt heute in Essen im Ruhrgebiet und ist ehrenamtliche Suchtkrankenhelferin.

Paperback, 196 Seiten, 2011,
Bestell-Nr. 180648,
ISBN 978-3-941186-48-4
Preis: z. Zt. 13,90 €

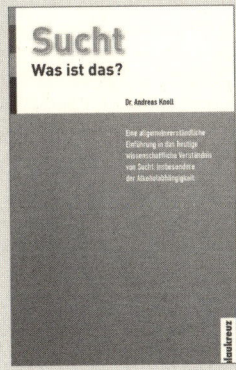

Dr. Andreas Knoll

Sucht – was ist das?

**Eine allgemein-verständliche Einführung
in das heutige wissenschaftliche
Verständnis von Sucht, insbesondere
der Alkoholabhängigkeit**

Betroffene können hier etwas über sich selbst erfahren, Mitbe-
troffene erhalten so Zugang zu den rätselhaften Veränderungen
nahestehender Menschen. Ehren- und hauptamtliche Begleiter von
Suchtkranken erhalten Hilfen, um komplizierte Zusammenhänge
der Suchterkrankung besser zu verstehen und verständlicher
formulieren zu können.

- Was ist Sucht?
- Die Persönlichkeit
- Die Gesellschaft
- Die Suchtmittel
- Alkoholabhängigkeit „heilen" – aber wie?
- In der Familie – Das Problem Co-Abhängigkeit
- In der Beratungsstelle
- In der Fachklinik
- In Selbsthilfegruppen

Paperback, 220 Seiten
4. überarbeitete Auflage 2014
Bestell-Nr. 180630,
ISBN 978-3-941186-30-9
Preis: z. Zt. 13,50 €

Impressum

Bibliografische Information der Deutschen Nationalbibliothek:
Die Deutsche Bibliothek verzeichnet diese Publikation in den
Deutschen Nationalbibliografie; detaillierte bibliografische Daten
sind im Internet über http://dnb.ddb.de abrufbar.

© Blaukreuz-Verlag, Lüdenscheid 2016
www.blaukreuz-verlag.de
Gestaltung: Blaukreuz-Zentrum Hagen,
Medienzentrum und Druckerei
Druck: Korrekt Druckerei Ungarn
Bestell-Nr. 180664
ISBN: 978-3-941186-64-4